포켓북
주제별 일상 영단어

포켓북
주제별 일상 영단어

2021년 10월 10일 초판 1쇄 인쇄
2024년 11월 15일 초판 9쇄 발행

지은이 이서영
발행인 손건
편집기획 김상배, 장수경
마케팅 최관호
디자인 이성세
제작 최승용
인쇄 선경프린테크

발행처 Lancom 랭컴
주소 서울시 영등포구 영신로34길 19
등록번호 제 312-2006-00060호전화
02) 2636-0895
팩스 02) 2636-0896
이메일 elancom@naver.com

ⓒ 랭컴 2021
ISBN 979-11-89204-93-8 13740

이것만 알면 당당하게
영어를 말할 수 있다!

everyday
English
words

내손에
펼쳐진
포켓북

주제별
일상
영단어

이서영 지음

LanCom
Language & Communication

들어가며

우리말로 대화를 할 때 모든 단어를 알아듣지 못해도 키워드가 되는 몇 단어만 알아들으면 대화의 흐름을 파악할 수 있다는 것은 여러분도 많은 경험을 통해 잘 알 수 있을 것입니다.

이것은 모든 언어에도 적용할 수 있습니다. 영어에든, 일본어에든, 중국어에든 키워드가 되는 단어를 확실히 알아들으면 상대가 무슨 말을 하고 있는지 대강 파악할 수 있습니다.

우리가 생활 속에서 의사소통을 할 때 일상회화는 평균적으로 3,000 단어 정도를 알고 있으면 쓰이는 말의 70~80 퍼센트를 이해할 수 있다는 말이 있습니다. 이렇듯 회화의 기본이 되는 3,000 단어를 알아듣고 이를 얼마나 능숙하게 사용하는지가 어학 실력을 기르는 데 중요한 열쇠가 된다는 것은 분명한 사실입니다.

이 책은 영어회화를 배우려는 분이 일상 커뮤니케이션에 필요한 단어를 효율적으로 암기하고 숙달하는 것을 목표로 하고 있습니다. 일상생활의 여러 가지 분야에서 주제별로 약 3,000 단어를 엄선하여 숙지하기 쉽도록 다음과 같은 특징으로 구성하였습니다.

포켓북 영어단어장
언제 어디서든 휴대하고 다니면서 쉽게 꺼내서 볼 수 있도록
한 손에 쏙 들어가는 포켓북으로 만들었습니다.

보기만 해도 기억되는 그림단어
각 주제에 들어가기 전에 그림과 함께 단어를 익힐 수 있도록
하여 암기의 폭을 넓혔습니다.

주제별 구성
단어를 하나하나 외우려면 많은 노력이 필요하지만, 이 책에
서는 크게 테마를 잡고 주제 안에서 세분하여 소분류를 두었
습니다. 따라서 각 단어를 큰 틀에서 점차 확대해감으로써 자
연스럽게 기억할 수 있습니다.

일상생활 필수단어
전문적인 분야를 제외한 일상회화를 하는 데 꼭 필요한 약
3,000개의 단어를 숫자, 시간과 연월일, 입는 것, 먹는 것, 주
거, 인체와 건강, 가족과 인간관계, 정보와 교통, 동물, 식물, 교
육과 문화, 문화와 스포츠, 여행, 자연과 과학 등의 상황별로
엄선하였습니다.

한글로 발음표기
원어 발음을 그대로 한글 표기하는 것은 어려운 일이지만, 가
능한 원어민의 발음을 살려서 초보자도 사전을 찾아보지 않고
쉽게 읽고 암기할 수 있도록 단어마다 한글로 그 발음을 표기
해두었습니다.

이 책의 내용

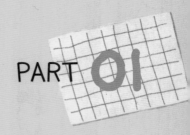

PART 01

숫자

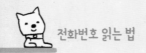

A: **Would you tell me your phone number?**
우쥬 텔 미 유어ㄹ 폰 넘버ㄹ
전화번호를 가르쳐 주시겠습니까?

B: **OK. My phone number is 2636 - 5522.**
오케이 마이 폰 넘버ㄹ 이즈 투 씩스 쓰리 씩스 화입 화입 투 투
좋아요. 제 전화번호는 2636-5522입니다.

713 - 6560
seven one three six five six O

247 - 2289
two four seven two two eight nine 〈미국〉
two four seven double two eight nine 〈영국〉

▶ 0은 O[ou] 또는 zero[zi(:)rou], nought / naught
[nɔ:t]로 읽는다.

> 숫자에 관련된 단어

숫자

number [nʌ́mbər 넘버ㄹ]   *n.* 수, 숫자; 번호

calculation [kæ̀lkjəléiʃən 캘커레이션]   *n.* 계산

addition [ədíʃən 어디션]   *n.* 덧셈

subtraction [səbtrǽkʃən 서브트랙션]   *n.* 뺄셈

multiplication   *n.* 곱셈
[mʌ̀ltəplikéiʃən 멀티플리케이션]

division [divíʒən 디비전]   *n.* 나눗셈

arithmetic [əríθmətik 어리스머틱]   *n.* 산수

square [skwεər 스퀘어ㄹ]   *n.* 제곱

decimal [désəməl 데시멀]   *n.* 소수

fraction [frǽkʃən 프랙션]   *n.* 분수

round off [raund əf 라운드 어프]   *v.* 반올림하다

diameter [daiǽmitər 다이애미터ㄹ]   *n.* 지름, 직경

average [ǽvəridʒ 애버리쥐]   *n.* 평균

> 단위를 나타내는 말

size [saiz 싸이즈]   *n.* 크기

height [hait 하이트]　　　　　　　*n.* 높이

length [leŋkθ 렝스]　　　　　　　*n.* 길이

weight [weit 웨이트]　　　　　　　*n.* 무게

bulk [bʌlk 벌크]　　　　　　　　*n.* 크기, 부피

thickness [θíknis 씨크니스]　　　*n.* 두께

circumference　　　　　　　*n.* 원주, 둘레
[sərkʌ́mfərəns 써ㄹ컴퍼런스]

depth [depθ 뎁쓰]　　　　　　　*n.* 깊이

width [widθ 위쓰]　　　　　　　*n.* 넓이

area [έəriə 에어리어]　　　　　　*n.* 면적

volume [vɑ́ljuːm 발류-움]　　　　*n.* 크기, 분량

speed [spiːd 스피-드]　　　　　　*n.* 속도

> 기수

숫자

one [wʌn 원]   *n.* 하나

two [tu: 투-]   *n.* 둘

three [θri: 쓰리-]   *n.* 셋

four [fɔ:r 풔-ㄹ]   *n.* 넷

five [faiv 파이브]   *n.* 다섯

six [siks 씩스]   *n.* 여섯

seven [sévən 쎄븐]   *n.* 일곱

eight [eit 에잇]   *n.* 여덟

nine [nain 나인]   *n.* 아홉

ten [ten 텐]   *n.* 열

eleven [ilévən 일레븐]   *n.* 열하나

twelve [twelv 트웰브]   *n.* 열둘

thirteen [θə̀:rtí:n 써-ㄹ티-인]   *n.* 열셋

fourteen [fɔ̀:rtí:n 풔-ㄹ티-인]   *n.* 열넷

fifteen [fiftíːn 피프티-인]　　　　　*n.* 열다섯

sixteen [síkstíːn 씩스티-인]　　　　*n.* 열여섯

seventeen [sévəntíːn 쎄븐티-인]　　*n.* 열일곱

eighteen [éitíːn 에이티-인]　　　　*n.* 열여덟

nineteen [náintíːn 나인티-인]　　　*n.* 열아홉

twenty [twénti 트웬티]　　　　　　*n.* 스물

thirty [θə́ːrti 써-ㄹ티]　　　　　　*n.* 서른

forty [fɔ́ːrti 풔-ㄹ티]　　　　　　　*n.* 마흔

hundred [hʌ́ndrəd 헌드러드]　　　　*n.* 백

thousand [θáuzənd 싸우전드]　　　*n.* 천

ten thousand　　　　　　　　　*n.* 만
[ten θáuzənd 텐 싸우전드]

million [míljən 밀리언]　　　　　　*n.* 백만

billion [bíljən 빌리언]　　　　　　*n.* 십억

cardinal number　　　　　　　*n.* 기수
[káːrdənl nʌ́mbər 카-ㄹ드널 넘버르]

18

> 서수

숫자

first [fəːrst 풔-르스트]   *n.* 첫 번째

second [sékənd 쎄컨드]   *n.* 두 번째

third [θəːrd 써-르드]   *n.* 세 번째

fourth [fɔːrθ 풔-르스]   *n.* 네 번째

fifth [fifθ 핍스]   *n.* 다섯 번째

sixth [siksθ 씩스스]   *n.* 여섯 번째

seventh [sévənθ 쎄븐스]   *n.* 일곱 번째

eighth [eitθ 에잇스]   *n.* 여덟 번째

ninth [nainθ 나인스]   *n.* 아홉 번째

tenth [tenθ 텐스]   *n.* 열 번째

eleventh [ilévənθ 일레븐스]   *n.* 열한 번째

twelfth [twelfθ 트웰프스]   *n.* 열두 번째

thirteenth [θəːrtíːnθ 써-르티-인스]   *n.* 열세 번째

fourteenth [fɔ́ːrtíːnθ 풔-르티-인스]   *n.* 열네 번째

fifteenth [fiftíːnθ 피프티-인스]   *n.* 열다섯 번째

sixteenth [síkstíːnθ 씩스티-인스]   *n.* 열여섯 번째

seventeenth [sévəntíːnθ 쎄븐티-인스]   *n.* 열일곱 번째

eighteenth [éití:nθ 에이티-인스]　　　　*n.* 열여덟 번째

nineteenth [náintí:nθ 나인티-인스]　　　*n.* 열아홉 번째

twentieth [twéntiiθ 트웬티스]　　　　*n.* 스무 번째

thirtieth [θə́:rtiiθ 써-르티스]　　　　*n.* 서른 번째

fortieth [fɔ́:rtiiθ 풔-르티스]　　　　*n.* 마흔 번째

hundredth [hʌ́ndrədθ 헌드레스]　　　*n.* 백 번째

thousandth [θáuzəndθ 싸우전스]　　　*n.* 천 번째

ten thousandth　　　　　　　　*n.* 만 번째
[ten θáuzəndθ 텐 싸우전스]

millionth [míljənθ 밀리언스]　　　　*n.* 백만 번째

billionth [bíljənθ 빌리언스]　　　　*n.* 십억 번째

ordinal number　　　　　　　　*n.* 서수
[ɔ́:rdənl nʌ́mbər 오-르드널 넘버르]

> 도량형

millimeter [míləmìtər 밀리미터르]　　　*n.* 밀리미터

centimeter [séntəmìtər 센티미터르]　　*n.* 센티미터

meter [mí:tər 미-터르]　　　　　　*n.* 미터

숫자

kilometer [kilámitər 킬라미터ㄹ]   *n.* 킬로미터

mile [mail 마일]   *n.* 마일

gram [græm 그램]   *n.* 그램

milligram [míligræm 밀리그램]   *n.* 밀리그램

kilogram [kíləgræm 킬러그램]   *n.* 킬로그램

ton [tʌn 턴]   *n.* 톤

square meter   *n.* 제곱미터
[skwɛər míːtər 스퀘어ㄹ 미-터ㄹ]

hectare [héktɛər 헥테어ㄹ]   *n.* 헥타르

acre [éikər 에이커ㄹ]   *n.* 에이커

liter [líːtər 리-터ㄹ]   *n.* 리터

knot [nɑt 나트]   *n.* 노트

Could I have your phone number?

쿠드 아이 해브 유어ㄹ 폰 넘버-ㄹ

전화번호를 알 수 있을까요?

His score was above average.

히즈 스코어ㄹ 워즈 어보브 애버리쥐

그의 점수는 평균 이상이었어요.

I'm overweight for my height.

아임 오버ㄹ웨잇 풔ㄹ 마이 하이트

키에 비해 몸무게가 많이 나갑니다.

You look like you've lost some weight.

유 룩 라익 유브 로스트 썸 웨이트

살이 좀 빠진 것 같네요.

Could you speed up?

쿠쥬 스피-드 업

속도 좀 내 주실래요?

It's still only seven o'clock.

잇츠 스틸 온리 쎄븐 어클락ㅋ

아직 7시밖에 안 되었어요.

Is this a hundred percent[100%] silk?

이즈 디스 어 헌드러드 퍼ㄹ센트 실크

이건 실크 100%입니까?

I fell for her at first sight.

아이 펠 풔ㄹ 허ㄹ 앳 풔ㄹ스트 싸이트

첫눈에 그녀에게 반했어요.

The library has had its millionth visitor!

더 라이브러리 해즈 해드 잇츠 밀리언스 비지터ㄹ

도서관이 100만 번 째 방문객을 맞았습니다!

Twenty - five by twenty - eight centimeters.

트웬티 파이브 바이 트웬티 에이트 센티미터ㄹ즈

가로 25, 세로 28센티요.

I need a liter of milk.

아이 니드 어 리-터ㄹ 오브 밀크

우유 1리터가 필요해요.

Could I have
your phone
number?

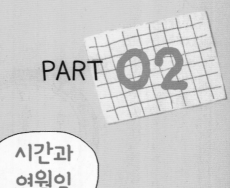

PART 02

시간과
연월일

A: **What time is it?**
왓 타임 이짓
지금 몇 시입니까?

B: **It's eight o'clock.**
잇츠 에잇 어클락
여덟 시입니다.

1:10   one ten 원 텐
2:15   two fifteen (a quarter after two)
       투 피프틴 (어 쿼럴 애프터 투)
3:29   three twenty-nine 쓰리 트웬티 나인
4:30   four thirty 풔ㄹ 써리
7:05   seven oh five 쎄븐 오 파이브
5:45   five forty-five 파이브 풔리 파이브
6:55   six fifty-five 씩스 피프티 파이브

> 시간과 시계의 기본 단어

recently [rí:sntli 리-슨틀리]   *ad.* 최근

lately [léitli 레이틀리]   *ad.* 요즘에, 최근

last [lɑ:st 라-스트]   *a.* 마지막의

past [pæst 패스트]   *n.* 과거 *a.* 과거의

present [préznt 프레즌트]   *n.* 현재

future [fjú:tʃər 퓨-춰ㄹ]   *n.* 미래 *a.* 미래의

once [wʌns 원스]   *ad.* 이전에, 일찍이

afternoon [æ̀ftərnú:n 애프터ㄹ누-운]   *n.* 오후

midnight [mídnàit 미드나이트]   *n.* 자정

tonight [tənáit 투나이트]   *n.* 오늘 밤

time [taim 타임]   *n.* 시간

o'clock [əklɑk 어클락]   *n.* 시, 정각

hour [áuər 아워ㄹ]   *n.* 시간, 1시간

minute [mínit 미니트]   *n.* 분

second [sékənd 쎄컨드]   *n.* 초

quarter [kwɔ́:rtər 쿼-ㄹ터ㄹ]   *n.* 15분, 4분의 1

half [hæf 해ㅍ]   *n.* 30분

27

previous [príːviəs 프리-비어스]   *a.* 이전의

forever [fərévər 풔레버ㄹ]   *ad.* 영원히

forward [fɔ́ːrwərd 풔-ㄹ워ㄹ드]   *ad.* 앞으로

ever [évər 에버ㄹ]   *ad.* 이전에, 언제나

later [léitər 레이터ㄹ]   *ad.* 나중에

next [nekst 넥스트]   *ad.* 다음에

someday [sʌ́mdèi 썸데이]   *ad.* 언젠가 <미래>

sometimes [sʌ́mtàimz 썸타임즈]   *ad.* 때때로

date [deit 데이트]   *n.* 날짜

century [séntʃuri 쎈츄리]   *n.* 세기, 100년

era [íərə 이어러]   *n.* 시대, 연대

now [nau 나우]   *ad.* 지금

ago [əgóu 어고우]   *a. ad.* 전에, 이전에

since [sins 씬스]   *ad.* 이래로

28

until [əntíl 언틸]   *prep. conj.* 까지(= till)

period [píəriəd 피어리어드]   *n.* 기간

moment [móumənt 모우먼트]   *n.* 순간

permanent
[pə́:rmənənt 퍼-ㄹ머넌트]   *a.* 영구한, 영원의

constant [kánstənt 칸스턴트]   *a.* 불변의, 일정의

temporary [témpərèri 템퍼레리]   *a.* 임시의, 일시의

fast [fæst 패스트]   *a.* 빠른

rapid [rǽpid 래피드]   *a.* 빠른

early [ə́:rli 어-ㄹ리]   *ad.* 이른, 빠른

slow [slou 슬로우]   *a.* 느린, 더딘

late [leit 레이트]   *a.* 늦은

 연월일

year [jiər 이어ㄹ]   *n.* 해, 년

yearly [jíərli 이어ㄹ리]   *a. ad.* 매년(의)

annual [ǽnjuəl 애뉴얼]　　　　　*a.* 1년의, 연간의

month [mʌnθ 먼스]　　　　　*n.* 달

monthly [mʌ́nθli 먼슬리]　　　　*a. ad.* 매달(의)

day [dei 데이]　　　　　*n.* 하루, 낮

daily [déili 데일리]　　　　　*a.* 매일의

today [tədéi 투데이]　　　　　*n.* 오늘

yesterday [jéstərdèi 예스터ㄹ데이]　　*n.* 어제

tomorrow [təmɔ́:rou 터머-로우]　　*n.* 내일

week [wi:k 위-크]　　　　　*n.* 1주

weekly [wí:kli 위-클리]　　　　*a. ad.* 매주(의)

weekend [wí:kènd 위-켄드]　　　*n.* 주말

> 계절과 달력

January [dʒǽnjuèri 제뉴웨리]　　*n.* 일월

February [fébruèri 페뷰웨리]　　　*n.* 이월

March [mɑ:rtʃ 마-ㄹ취]　　　　*n.* 삼월

April [éiprəl 에이프럴]　　　　*n.* 사월

May [mei 메이]　　　　　*n.* 오월

June [dʒuːn 주-운] *n.* 유월

July [dʒuːlái 줄-라이] *n.* 칠월

August [ɔ́ːgəst 어-거스트] *n.* 팔월

September [septémbər 쎕템버ㄹ] *n.* 구월

October [ɑktóubər 악토우버ㄹ] *n.* 시월

November [nouvémbər 노우벰버ㄹ] *n.* 십일월

December [disémbər 디쎔버ㄹ] *n.* 십이월

season [síːzən 씨-즌] *n.* 계절, 철

spring [spriŋ 스프링] *n.* 봄

summer [sʌ́mər 썸머ㄹ] *n.* 여름

autumn [ɔ́ːtəm 어-텀] *n.* 가을

winter [wíntər 윈터ㄹ] *n.* 겨울

summer solstice *n.* 하지
[sʌ́mər sɑ́lstis 써머ㄹ 썰스티스]

31

winter solstice *n.* 동지
[wíntər sálstis 윈터ㄹ 썰스티스]

autumn equinox *n.* 추분
[ɔ́:təm íːkwənɑ̀ks 어-텀 이-쿼낙스]

spring equinox *n.* 춘분
[spriŋ íːkwənɑ̀ks 스프링 이-쿼낙스]

> 요일

Sunday [sʌ́ndei 썬데이] *n.* 일요일

Monday [mʌ́ndei 먼데이] *n.* 월요일

Tuesday [tjúːzdei 튜-즈데이] *n.* 화요일

Wednesday [wénzdèi 웬즈데이] *n.* 수요일

Thursday [θɔ́ːrzdei 써-ㄹ즈데이] *n.* 목요일

Friday [fráidei 프라이데이] *n.* 금요일

Saturday [sǽtərdèi 쌔터ㄹ데이] *n.* 토요일

> 때

dawn [dɔːn 더-언] *n.* 새벽

sunrise [sʌ́nràiz 썬라이즈]　　　　　　　*n.* 일출, 해돋이

morning [mɔ́ːrniŋ 모-르닝]　　　　　　*n.* 아침

daytime [deitaim 데이타임]　　　　　　*n.* 낮

noon [nuːn 누-운]　　　　　　　　　*n.* 한낮, 정오

evening [íːvniŋ 이-브닝]　　　　　　*n.* 저녁

sunset [sʌ́nset 썬셋]　　　　　　　　*n.* 일몰, 해넘이

night [nait 나이트]　　　　　　　　　*n.* 밤

midnight [mídnàit 미드나이트]　　　　*n.* 한밤중

eve [iːv 이-브]　　　　　　　　　　*n.* 전날, 전날 밤

시간과
연월일

> 하루의 생활

lie [lai 라이]　　　　　　　　　　　*v.* 눕다

sit [sit 씨트]　　　　　　　　　　　*v.* 앉다

stand [stænd 스탠드]　　　　　　　*v.* 서다

sleep [sliːp 슬리-입]   v. 잠자다

get up [get ʌp 겟 업]   v. 자리에서 일어나다

rest [rest 레스트]   v. 쉬다, 휴식하다

put [put 풋]   v. 두다, 놓아두다

push [puʃ 푸쉬]   v. 밀다, 누르다

bring [briŋ 브링]   v. 가져오다, 데려오다

take [teik 테이크]   v. 취하다, 데리고 가다

carry [kǽri 캐리]   v. 휴대하다, 운반하다

make [meik 메이크]   v. 만들다, 제작하다

create [kriéit 크리에이트]   v. 창조하다, 만들다

open [óupən 오우픈]   v. 열다

close [klouz 클로우즈]   v. 닫다

turn [təːrn 터-언]   v. 돌리다, 회전하다

use [juːz 유-즈]   v. 쓰다, 사용하다

keep [kiːp 키-프]   v. 유지하다, 계속하다

throw [θrou 쓰로우]   v. 던지다

collect [kəlékt 컬렉트]   v. 모으다, 수집하다

> 기념일 · 파티

anniversary [æ̀nəvə́:rsəri 애너버-ㄹ서리] *n.* 기념일

시간과
연월일

birthday [bə́:rθdèi 버-ㄹ스데이] *n.* 생일

ceremony [sérəmòuni 쎄러모우니] *n.* 식, 의식

Easter [íːstər 이-스터ㄹ] *n.* 부활절

Halloween [hæ̀ləwín 핼러윈] *n.* 할로윈

Christmas [krísməs 크리스머스] *n.* 크리스마스

year - end party *n.* 송년파티
[jíər énd páːrti 이어ㄹ 엔드 파-ㄹ티]

farewell party *n.* 송별회
[fɛ̀ərwél páːrti 페어ㄹ웰 파-ㄹ티]

welcome party *n.* 환영회
[wélkəm páːrti 웰컴 파-ㄹ티]

surprise party *n.* 깜짝 파티
[sərpráiz páːrti 써ㄹ프라이즈 파-ㄹ티]

35

We've been terribly busy at work recently.

위브 빈 테러블리 비지 앳 워르크 리-슨틀리

우리는 최근에 직장에서 너무 바빠요.

What do you wish to be in the future?

왓 두 유 위시 투 비 인 더 퓨-춰-르

장래 어떤 사람이 되고 싶니?

We became engaged this month.

위 비케임 인게이쥐드 디스 먼스

우리는 이번 달에 약혼했습니다.

May I take you to dinner tomorrow?

메이 아이 테이큐 투 디너르 터머-로우

내일 저녁식사나 같이 하시겠어요?

July and August in Korea are so hot.

줄-라이 앤 어-거스트 인 코리아 아르 쏘 핫트

한국에서 7월과 8월은 무척 더워요.

Winter changed to spring.

윈터르 체인지드 투 스프링

겨울에서 봄이 되었습니다.

Would Tuesday be all right?

우드 튜-즈데이 비 올 롸잇ㅌ

화요일이라면 괜찮으십니까?

Are you doing anything on Saturday afternoon?

아르 유 두잉 애니씽 온 쌔터-ㄹ데이 애프터르눈

토요일 오후에 무슨 계획 있어요?

I really had a pleasant evening.

아이 리얼리 해더 플레즌ㅌ 이브닝

오늘 저녁 정말 즐거웠습니다.

May I open the window?

메이 아이 오우픈 더 윈도우

창문을 열어도 됩니까?

When is your parent's wedding anniversary?

웬 이즈 유어ㄹ 페어런츠 웨딩 애너버-ㄹ서리

네 부모님의 결혼 기념일은 언제니?

Merry Christmas!

메리 크리스머스

즐거운 크리스마스 보내세요!

Merry
Christmas!

PART 03

입는 것

의복과 관련된 그림 단어

❶ **hairband** 헤어밴드	❷ **belt** 벨트
❸ **brush** 솔	❹ **clothes** 옷
❺ **coat** 코트	❻ **dress** 드레스
❼ **gloves** 장갑	❽ **hat** 모자
❾ **jewel** 보석	❿ **shirt** 셔츠
⓫ **skirt** 치마	⓬ **vest** 조끼
⓭ **boots** 부츠	⓮ **cap** 모자
⓯ **handkerchief** 손수건	⓰ **necklace** 목걸이
⓱ **shoes** 신발	⓲ **socks** 양말
⓳ **suit** 양복	⓴ **sweater** 스웨터
㉑ **tie** 넥타이	㉒ **trousers** 바지

> 의복 전반

clothes [klouðz 클로우즈]　　　　　　　*n.* 의복

ready to wear　　　　　　　*a.* 기성복의
[rédi tu wɛər 레디 투 웨어ㄹ]

입는 것

suit [suːt 수-트]　　　　　　　*n.* 양복[신사복 한 벌]

casual [kǽʒuəl 캐주얼]　　　　　　　*a.* 캐주얼한

jacket [dʒǽkit 재킷]　　　　　　　*n.* 상의

blouse [blaus 블라우스]　　　　　　　*n.* 블라우스

coat [kout 코우트]　　　　　　　*n.* 코트, 웃옷

sweater [swétər 스웨터ㄹ]　　　　　　　*n.* 스웨터

turtleneck [tə́rtlnèk 터ㄹ틀넥]　　　　　　　*n.* 목티

cardigan [káːrdigən 카-ㄹ디건]　　　　　　　*n.* 카디건

vest [vest 베스트]　　　　　　　*n.* 조끼

skirt [skəːrt 스커-ㄹ트]　　　　　　　*n.* 치마

trousers [tráuzərz 트라우저ㄹ즈]　　　　　　　*n.* 바지

pants [pænts 팬츠]　　　　　　　*n.* 바지

underwear [ʌ́ndərwèər 언더ㄹ웨어ㄹ]　　　　　　　*n.* 속옷

bra [brɑː 브라-]　　　　　　　*n.* 브래지어

pajamas [pədʒáːməz 퍼자-머즈]　　　*n.* 잠옷

swimsuit [swímsùːt 스윔수-트]　　　*n.* 수영복

overalls [óuvərɔ̀lz 오우버롤즈]　　　*n.* 멜빵작업바지

uniform [júːnəfɔ̀ːrm 유-니풔-엄]　　　*n.* 유니폼

jeans [dʒiːnz 지-인즈]　　　*n.* 청바지

shirt [ʃəːrt 셔-르트]　　　*n.* 셔츠

tight [tait 타이트]　　　*a.* 꼭 끼는

loose [luːs 루-스]　　　*a.* 헐거운

stocking [stákiŋ 스타킹]　　　*n.* 스타킹

pantyhose [pǽntihòuz 팬티호우즈]　　　*n.* 팬티스타킹

high heels [hai hiːlz 하이 히-일즈]　　　*n.* 하이힐

shoes [ʃuːz 슈-즈]　　　*n.* 구두

sneakers [sníːkərz 스니-커르즈]　　　*n.* 운동화

sandals [sǽndlz 샌들즈]　　　*n.* 샌들

boots [buːts 부-츠]　　　*n.* 부츠

socks [saks 싹스]   *n.* 양말

wear [wɛər 웨어ㄹ]   *v.* 입다

take off [teik ɔ:f 테익 어-프]   *v.* 벗다

change [tʃeindʒ 체인지]   *v.* 바꾸다, 갈아입다

try on [trai ɔn 트라이 언-]   *v.* 입어보다

dress [dres 드레스]   *v.* 옷을 입다

collar [kálər 칼러ㄹ]   *n.* 깃, 칼라

pocket [pákit 파킷]   *n.* 주머니

button [bʌ́tn 버튼]   *n.* 단추

belt [belt 벨트]   *n.* 허리띠

fashionable [fǽʃənəbl 패셔너블]   *a.* 유행의

formal [fɔ́ːrməl 풔-ㄹ멀]   *a.* 정식[장]의

tailor [téilər 테일러ㄹ]   *n.* 재단사, 재봉사

size [saiz 싸이즈]   *n.* 크기, 치수

sleeve [sli:v 슬리-브]   *n.* 소매

sleeveless [slí:vlis 슬리-브리스]   *a.* 민소매

material [mətíəriəl 머티어리얼]   *n.* 재료, 소재

textile [tékstail 텍스타일]   *n.* 직물, 옷감

texture [tékstʃər 텍스춰ㄹ]   *n.* 질감, 천

> 화장과 청결

make-up [meik ʌp 메이크 업]   *n.* 화장

cosmetics [kɑzmétiks 카즈메틱스]   *n.* 화장품

lotion [lóuʃən 로우션]   *n.* 로션

lipstick [lípstik 립스틱]   *n.* 립스틱

cream [kri:m 크리-임]   *n.* 크림

foundation [faundéiʃən 파운데이션]   *n.* 파운데이션

eye shadow [ai ʃǽdou 아이 섀도우]   *n.* 아이섀도

mascara [mæskǽrə 마스캐러]　　　　　*n.* 마스카라

drier [dráiər 드라이어ㄹ]　　　　　*n.* 드라이기

manicure [mǽnəkjùər 매너큐어ㄹ]　　*v.* 매니큐어를 칠하다

toothbrush [túːθbrʌʃ 투-스브러쉬]　　*n.* 칫솔

toothpaste [túːθpèist 투-스페이스트]　　*n.* 치약

soap [soup 소우프]　　*n.* 비누

shampoo [ʃæmpúː 샘푸-]　　　　　*n.* 샴푸

skin [skin 스킨]　　　　　*n.* 피부

wash [waʃ 와쉬]　　　　　*n.* 빨래
　　　　　　　　　　　　　v. 씻다

bath [bæθ 배스]　　　　　*n.* 목욕

shower [ʃáuər 샤우어리]   *n.* 샤워

towel [táuəl 타월]   *n.* 수건

beauty salon [bjú:ti sælɔ́n 뷰-티 샐런]   *n.* 미용실

barbershop [bá:rbərʃùp 바-ㄹ버ㄹ샵]   *n.* 이발소

permanent [pə́:rmənənt 퍼-ㄹ머넌트]   *n.* 파마

hair spray [hεər sprei 헤어ㄹ 스프레이]   *n.* 헤어스프레이

brush [brʌʃ 브러쉬]   *n.* 솔

trim [trim 트림]   *v.* 손질하다

massage [məsá:ʒ 머싸-쥐]   *v.* 마사지하다

shave [ʃeiv 쉐이브]   *v.* 면도하다

perfume [pə́rfju:m 퍼ㄹ퓨-움]   *n.* 향수

> 액세서리

accessory [æksésəri 액세서리]   *n.* 액세서리

real [rí:əl 리-얼]   *a.* 진짜의

fake [feik 페이크]   *a.* 가짜의

jewel [dʒúːəl 주-얼]   *n.* 보석

diamond [dáiəmənd 다이어먼드]   *n.* 다이아몬드

gold [gould 고울드]   *n.* 금

silver [sílvər 실버ㄹ]   *n.* 은

ring [riŋ 링]   *n.* 반지

bracelet [bréislit 브레이슬릿]   *n.* 팔찌

wrist watch [rist wɑtʃ 리스트 와취]   *n.* 손목시계

handbag [hǽndbæg 핸드백]   *n.* 핸드백

brooch [broutʃ 브로우취]   *n.* 브로치

tie [tái 타이]   *n.* 넥타이

scarf [skɑːrf 스카ㄹ프]   *n.* 스카프

shawl [ʃɔːl 쇼-올]   *n.* 숄

earrings [íərìŋz 이어링즈]   *n.* 귀걸이

necklace [néklis 네클리스]   *n.* 목걸이

treasure [tréʒər 트레줘ㄹ]   *n.* 보물

emerald [émərəld 에머럴드]   *n.* 에메랄드

ruby [rú:bi 루-비]   *n.* 루비

pearl [pə:rl 퍼-얼]   *n.* 진주

crystal [krístl 크리스틀]   *n.* 수정

ivory [áivəri 아이버리]   *n.* 상아

pendant [péndənt 펜던트]   *n.* 펜던트

> 잡화

bag [bæg 백]   *n.* 가방

hat [hæt 햇]   *n.* (테가 있는) 모자

cap [kæp 캡]   *n.* (테가 없는) 모자

glasses [glǽsiz 글래시즈]   *n.* 안경

cigarette [sìgərét 씨거렛]   *n.* 담배

handkerchief
[hǽŋkərtʃif 행커ㄹ취프]   *n.* 손수건

umbrella [ʌmbrélə 엄브렐러]   *n.* 우산

입는 것

parasol [pǽrəsɔ̀:l 패러서-얼]   *n.* 양산

necktie [néktài 넥타이]   *n.* 넥타이

gloves [glʌvz 글러브즈]   *n.* 장갑

wallet [wɔ́lit 월릿]   *n.* 지갑(= purse)

comb [koum 코움]   *n.* 빗

suitcase [súːtkèis 수-트케이스]   *n.* 여행가방

muffler [mʌ́flər 머플러ㄹ]   *n.* 머플러

fan [fæn 팬]   *n.* 부채

belt [belt 벨트]   *n.* 벨트

ribbon [ríbən 리본]   *n.* 리본

sunglasses [sʌ́nglæ̀siz 썬글래씨즈]   *n.* 선글라스

I have a lot of clothes to iron.
아이 해브 어랏 업 클로우즈 투 아이언

다려야 할 옷이 산더미야.

Who is wearing a swimsuit?
후 이즈 웨어링 어 스윔수-트

수영복을 입고 있는 사람은 누구에요?

You may enter the room with shoes on.
유 메이 엔터ㄹ 더 룸 윗 슈-즈 온

신발을 신고 방에 들어가도 됩니다.

What size are you looking for?
왓 싸이즈 아ㄹ 유 룩킹 풔ㄹ

어떤 사이즈를 찾으십니까?

My skin is very rough.
마이 스킨 이즈 베리 러프

제 피부가 몹시 거칠어요.

Clothes

Which tie should I wear?
위치 타이 슈다이 웨어ㄹ

어떤 넥타이를 매지?

입는 것

I left my wallet on the train.
아이 렙트 마이 월릿 온 더 트레인

열차 안에 지갑을 두고 내렸습니다.

I had my suitcase stolen.
아이 해드 마이 수-트케이스 스톨런

여행가방을 도난당했습니다.

I had my suitcase stolen.

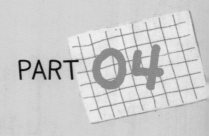

PART 04

먹는 것

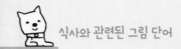

식사와 관련된 그림 단어

❶ **beef** 쇠고기	❷ **cake** 케이크
❸ **cheese** 치즈	❹ **chicken** 닭고기
❺ **dish** 접시	❻ **fruit** 과일
❼ **glass** 유리잔	❽ **ice cream** 아이스크림
❾ **milk** 우유	❿ **pie** 파이
⓫ **rice** 밥	⓬ **spoon** 숟가락
⓭ **beer** 맥주	⓮ **coffee** 커피
⓯ **cup** 컵	⓰ **fork** 포크
⓱ **juice** 주스	⓲ **knife** 칼
⓳ **tea** 홍차	⓴ **vegetable** 야채
㉑ **water** 물	㉒ **wine** 포도주

식사 전반

cooking [kúkiŋ 쿠킹]   *n.* 요리

nutrition [njutríʃən 뉴트리션]   *n.* 영양

food [fu:d 푸-드]   *n.* 음식

fast [fæst 패스트]   *n.* 단식

abstinence [ǽbstənəns 앱스터넌스]   *n.* 금주

drinking [dríŋkiŋ 드링킹]   *n.* 음주

overdrinking   *n.* 과음
[òuvərdríŋkíŋ 오우버ㄹ드링킹]

overeating [òuvərí:tiŋ 오우버ㄹ이-팅]   *n.* 과식

먹는 것

식당

meal [mi:l 미-일]   *n.* 식사, 끼니

menu [ménju 메뉴]   *n.* 메뉴, 식단

restaurant [réstərənt 레스터런트]   *n.* 음식점, 식당

cafe [kæféi 캐페이]   *n.* 카페

buffet [bəféi 버페이]   *n.* 뷔페

breakfast [brékfəst 브렉퍼스트]   *n.* 아침식사

55

lunch [lʌntʃ 런치]   n. 점심식사

dinner [dínər 디너ㄹ]   n. 저녁식사

snack [snæk 스낵]   n. 간식

eat out [íːt aut 이-잇 아웃]   v. 외식하다

epicure [épikjùər 에피큐어ㄹ]   n. 미식가, 식도락가

food coupon
[fuːd kjúːpɔn 푸-드 쿠-펀]   n. 식권

wet towel [wet táuəl 웻 타월]   n. 물수건

recommendation
[rèkəmendéiʃən 레커멘데이션]   n. 추천요리

specialty [spéʃəlti 스페셜티]   n. 특선요리

order [ɔ́ːrdər 오-ㄹ더ㄹ]   n. 주문

appetizer [ǽpitàizər 애피타이저ㄹ]   n. 전채, 식욕을 돋우는 것

waiter [wéitər 웨이터ㄹ]   n. 웨이터, 종업원

tip [tip 팁]   n. 팁

boiled rice [bɔild rais 보일드 롸이스]　　*n.* 밥

side dish [said diʃ 싸이드 디쉬]　　*n.* 반찬

lunch box [lʌntʃ baks 런치 박스]　　*n.* 도시락

rice cake [rais keik 롸이스 케이크]　　*n.* 떡

먹는 것

gruel [grúːəl 그루-얼]　　*n.* 죽

soup [suːp 수-프]　　*n.* 국

bread [bred 브레드]　　*n.* 빵

egg [eg 에그]　　*n.* 달걀, 계란

boiled egg [bɔild eg 보일드 에그]　　*n.* 삶은 달걀

fried egg [fraid eg 프라이드 에그]　　*n.* 달걀프라이

eggroll [egroul 에그로울]　　*n.* 달걀말이

kimchi [kímtʃi: 킴치-]   *n.* 김치

pot stew [pɑt stju: 팟 스튜-]   *n.* 찌개

fish pot stew   *n.* 생선찌개
  [fiʃ pɑt stju: 피쉬 팟 스튜-]

kimchi stew [kímtʃi stju: 킴치 스튜-]   *n.* 김치찌개

bean curd [biːn kəːrd 비-인 커-르드]   *n.* 두부

beef rib soup   *n.* 갈비탕
  [biːf rib suːp 비-프 립 수-프]

loach soup [loutʃ suːp 로우취 수-프]   *n.* 추어탕

roast meat   *n.* 불고기
  [roust miːt 로우스트 미-트]

cold noodles   *n.* 냉면
  [kould núːdls 코울드 누-들스]

noodle [núːdl 누-들]   *n.* 국수

rice cake soup   *n.* 떡국
  [rais keik suːp 롸이스 케이크 수-프]

flat cake [flæt keik 플랫 케이크]   *n.* 부침개

curry and rice   *n.* 카레라이스
  [kɔ́ːri ænd rais 커-리 앤드 롸이스]

spaghetti [spəgéti 스퍼게티]　　　　　*n.* 스파게티

pizza [pí:tsə 피-쩌]　　　　　*n.* 피자

sandwich [sǽndwitʃ 샌드위치]　　　　　*n.* 샌드위치

hamburger
[hǽmbə:rgər 햄버-르거르]　　　　　*n.* 햄버거

먹는 것

barbecue [bá:rbikjù: 바-르비큐-]　　　　　*n.* 바비큐

dumpling [dʌ́mpliŋ 덤플링]　　　　　*n.* 만두

steak [steik 스테이크]　　　　　*n.* 스테이크

pork cutlet
[pɔ:rk kʌ́tlit 포-르크 커틀릿]　　　　　*n.* 돈까스

beef cutlet [bi:f kʌ́tlit 비-프 커틀릿]　　　　　*n.* 비프커틀릿

> 디저트와 과자류

dessert [dizə́:rt 디저-르트]　　　　　*n.* 디저트, 후식

sweets [swi:ts 스위-츠]　　　　　*n.* 과자류

gum [gʌm 검]　　　　　*n.* 껌

candy [kǽndi 캔디] *n.* 사탕

cake [keik 케이크] *n.* 케이크

hot cake [hɑt keik 핫 케이크] *n.* 핫케이크

hotdog [hɑt dɔ(:)g 핫 도그] *n.* 핫도그

ice cream [ais kri:m 아이스 크리-임] *n.* 아이스크림

sherbet [ʃə́:rbit 셔-ㄹ빗] *n.* 셔벗

cookie [kúki 쿠키] *n.* 쿠키

biscuit [bískit 비스킷] *n.* 비스킷

doughnut [dóunʌt 도우넛] *n.* 도넛

pudding [púdiŋ 푸딩] *n.* 푸딩

chocolate [tʃɔ́:kəlit 초-컬릿] *n.* 초콜릿

> 음료

soft drink
[sɔ(:)ft driŋk 소프트 드링크]

n. 청량음료

ice [ais 아이스]

n. 얼음

water [wɔ́:tər 워-터러]

n. 물

tea [ti: 티-]

n. 차

milk [milk 밀크]

n. 우유

coffee [kɔ́:fi 커-피]

n. 커피

juice [dʒu:s 쥬-스]

n. 주스, 즙

coke [kouk 코우크]

n. 콜라

soda pop [sóudə pɑp 소우더 팝]

n. 사이다

> 주류

thirsty [θɔ́:rsti 써-ㄹ스티]

a. 목마른

drink [driŋk 드링크]

v. 마시다

pour [pɔːr 포어-ㄹ]　　　　　　　　　*v.* 따르다, 붓다

fill [fil 필]　　　　　　　　　　　　*v.* 채우다

beverage [bévəridʒ 베버리지]　　　*n.* 마실 것, 음료

alcohol [ǽlkəhɔ̀ːl 앨커호-올]　　　*n.* 알코올, 술

liquor [líkər 리커ㄹ]　　　　　　　*n.* 술, 독주

beer [biər 비어ㄹ]　　　　　　　　*n.* 맥주

raw rice wine　　　　　　　　　　*n.* 막걸리
[rɔː rice wain 러- 라이스 와인]

refined rice wine　　　　　　　　*n.* 청주
[rifáind rais wain 리파인드 라이스 와인]

champagne [ʃæmpéin 샴페인]　　　*n.* 샴페인

brandy [brǽndi 브랜디]　　　　　　*n.* 브랜디

wine [wain 와인]　　　　　　　　　*n.* 포도주, 와인

whisky [hwíski 위스키]　　　　　　*n.* 위스키

cocktail [káktèil 칵테일]　　　　　*n.* 칵테일

gin [ʤin 진]　　　　　　　　　　　　*n.* 진

vodka [vádkə 바드카]　　　　　　　　*n.* 보드카

spirit [spírit 스피릿]　　　　　　　　*n.* 화주, 독한 술

brew [bru: 브루-]　　　　　　　　　　*v.* 양조하다

distill [distíl 디스틸]　　　　　　　　*v.* 증류하다

accompaniment　　　　　　　　　*n.* 안주
[əkʌ́mpənimənt 어컴퍼니먼트]

toast [toust 토우스트]　　　　　　　　*n. v.* 건배(하다)

> 음식재료

meat [mi:t 미-트]　　　　　　　　　　*n.* 고기

pork [pɔ:rk 포-르크]　　　　　　　　*n.* 돼지고기

beef [bi:f 비-프]　　　　　　　　　　*n.* 쇠고기

mutton [mʌ́tn 머튼]　　　　　　　　*n.* 양고기

chicken [tʃíkin 치킨]　　　　　　　　*n.* 닭고기

butter [bʌ́tər 버터ㄹ]　　　　　　　　*n.* 버터

cheese [tʃi:z 치-즈]　　　　　　　　　*n.* 치즈

먹는 것

bacon [béikən 베이컨]　　　　　　　*n.* 베이컨

sausage [sɔ́:sidʒ 쏘-시지]　　　　　*n.* 소시지

vegetable [védʒətəbl 베지터블]　　　*n.* 야채

salad [sǽləd 샐러드]　　　　　　　*n.* 샐러드

fruit [fru:t 프루-트]　　　　　　　*n.* 과일

fish [fiʃ 피쉬]　　　　　　　　　　*n.* 생선

ham [hæm 햄]　　　　　　　　　　*n.* 햄

canned food [kænd fu:d 캔드 푸-드]　*n.* 통조림

flour [flauər 플라우어ㄹ]　　　　　*n.* 밀가루

jam [dʒæm 잼]　　　　　　　　　*n.* 잼

honey [hʌ́ni 허니]　　　　　　　　*n.* 꿀

starch syrup　　　　　　　　　　*n.* 물엿
[stɑːrtʃ sírəp 스타-ㄹ치 시럽]

> 조미료

spices [spaisis 스파이시스]　　　　　　*n.* 조미료, 양념

sesame [sésəmi 쎄서미]　　　　　　*n.* 깨

vinegar [vínigər 비니거ㄹ]　　　　　*n.* 식초

pepper [pépər 페퍼ㄹ]　　　　　　*n.* 후추

sugar [ʃúgər 슈거ㄹ]　　　　　　　*n.* 설탕

salt [sɔːlt 쏘-올트]　　　　　　　　*n.* 소금

먹는 것

soybean paste　　　　　　　　*n.* 된장
　[sɔ́ibìːn peist 쏘이비-인 페이스트]

soy sauce [sɔi sɔːs 쏘이 쏘-스]　　*n.* 간장

oil [ɔil 오일]　　　　　　　　　　*n.* 기름

sesame oil [sésəmi ɔil 쎄서미 오일]　*n.* 참기름

garlic [gáːrlik 가-ㄹ릭]　　　　　　*n.* 마늘

ginger [ʤínʤər 진저ㄹ]　　　　　　*n.* 생강

hot pepper [hɑt pépər 핫 페퍼ㄹ]　　*n.* 고추

65

mustard [mʌ́stərd 머스터ㄹ드]   *n.* 겨자

sauce [sɔːs 쏘-스]   *n.* 소스

ketchup [kétʃəp 케첩]   *n.* 케첩

mayonnaise [mèiənéiz 메이어네이즈]   *n.* 마요네즈

dressing [drésiŋ 드레싱]   *n.* 드레싱

> 조리법

recipe [résəpì 레서피]   *n.* 조리법

roast [roust 로우스트]   *v.* (오븐에) 굽다

broil [brɔil 브로일]   *n. v.* 직화; (불에) 굽다

grill [gril 그릴]   *v.* (석쇠에) 굽다

fry [frai 프라이]   *v.* (기름에) 튀기다

saute [soutéi 쏘우테이]   *n.* 소테(기름에 살짝 튀기다)

rare [rɛər 레어ㄹ]	*a.* 설익은
medium [mí:diəm 미-디엄]	*n.* 중간 정도로 익은
well-done [wel dʌn 웰 던]	*n.* 바짝 구운
boil [bɔil 보일]	*v.* 삶다
steam [sti:m 스티-임]	*v.* 찌다
bake [beik 베이크]	*v.* (빵, 과자 등을) 굽다
toast [toust 토우스트]	*v.* 노르스름하게 굽다
cut [kʌt 커트]	*v.* 자르다
slice [slais 슬라이스]	*v.* 얇게 썰다
chop [tʃɑp 찹]	*v.* 잘게 썰다
dice [dais 다이스]	*v.* 깍둑썰기 하다
mince [mins 민스]	*v.* (고기 등을) 저미다

먹는 것

grind [graind 그라인드]   v. 갈다, 빻다

grate [greit 그레이트]   v. 비비다, 갈다

peel [pi:l 피-일]   v. 껍질을 벗기다

squeeze [skwi:z 스퀴-즈]   v. 바짝 짜다

mix [miks 믹스]   v. 섞다, 혼합하다

blend [blend 블렌드]   v. 섞다

season [sí:zn 씨-즌]   v. 맛을 내다,
                                              양념하다

freeze [fri:z 프리-즈]   v. 냉동하다

defrost [difrɔ́:st 디프러-스트]   v. 해동하다

▶ 맛을 나타내는 형용사

taste [teist 테이스트]   *n.* 맛

appetite [ǽpitàit 에피타잇]   *n.* 식욕, 입맛

delicious [dilíʃəs 딜리셔스]   *a.* 맛있는

tasteless [téistlis 테이스트리스]   *a.* 맛없는

flat [flæt 플래트]   *a.* 싱거운

salty [sɔ́:lti 써-얼티]   *a.* 짠

bitter [bítər 비터ㄹ]   *a.* 쓴

hot [hɑt 핫]   *a.* 매운

sweet [swiːt 스위-트]   *a.* 단, 달콤한

sour [sáuər 싸우어ㄹ]   *a.* 신

astringent [əstríndʒənt 어스트린전트]   *a.* 떫은

greasy [gríːsi 그리-시]   *a.* 느끼한

fishy [fíʃi 피쉬]   *a.* 비린내 나는

먹는 것

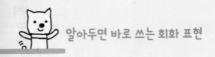
This food is spicy.
디스 푸-드 이즈 스파이시

이 음식은 맵군요.

I go drinking every night.
아이 고우 드링킹 에브리 나이트

매일 밤 술을 마시러 갑니다.

Do you know a good restaurant for it?
두 유 노우 어 굿 레스터런 훠릿

잘하는 레스토랑 알아요?

Dinner is ready!
디너ㄹ 이즈 레디

식사 다 됐어요!

What is the specialty of this house?
와리즈 더 스페셜티 업 디스 하우스

이 집의 특별요리는 무엇입니까?

I think I'll have a hamburger for lunch.

아이 씽ㅋ 아일 해버 햄버ㄹ거ㄹ 풔ㄹ 런취

점심으로 햄버거를 먹을까 해.

Are these homemade cakes?

아ㄹ 디즈 홈메이드 케익스

이것들은 집에서 만든 케이크입니까?

먹는 것

PART 05

주거

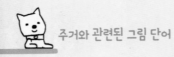

- ❶ **bed** 침대
- ❷ **book** 책
- ❸ **chair** 의자
- ❹ **clock** 시계
- ❺ **desk** 책상
- ❻ **light** 전등, 전기
- ❼ **pen** 펜
- ❽ **pencil** 연필
- ❾ **piano** 피아노
- ❿ **sofa** 소파
- ⓫ **table** 탁자
- ⓬ **TV** 텔레비전
- ⓭ **window** 창문
- ⓮ **closet** 옷장
- ⓯ **computer** 컴퓨터
- ⓰ **curtain** 커튼
- ⓱ **radio** 라디오
- ⓲ **stereo** 오디오
- ⓳ **stove** 난로
- ⓴ **pillow** 베개

> 주거 전반

residence [rézidəns 레지던스]   n. 주거

house [haus 하우스]   n. 집, 주택

apartment [əpá:rtmənt 어파-르트먼트]   n. 아파트, 맨션

home [houm 호움]   n. 집, 가정

company house   n. 사택
　[kʌ́mpəni haus 컴퍼니 하우스]

주거

underground   n. 지하
　[ʌ́ndərgràund 언더르그라운드]

move [mu:v 무-브]   n. 이사

lease [li:s 리-스]   n. 임대

rent [rent 렌트]   n. 임대료

real estate   n. 부동산
　[rí:əl istéit 리-얼 이스테이트]

house owner   n. 집주인
　[haus óunər 하우스 오우너르]

house for rent   n. 셋집
　[haus fɔr rent 하우스 풔르 렌트]

lodging [lɑ́dʒiŋ 라징]   n. 하숙

75

build [bild 빌드]   v. 짓다, 건축하다

own [oun 오운]   v. 소유하다

remodel [riːmádl 리-마들]   v. 개축하다, 개조하다

interior [intíəriər 인티어리어ㄹ]   n. 실내, 내부

> 주거의 구조

room [ruːm 루-움]   n. 방

garret [gǽrət 개럿]   n. 다락방

study [stʌ́di 스터디]   n. 서재

living room [líviŋ ruːm 리빙 루-움]   n. 거실

bedroom [bédrùːm 베드루-움]   n. 침실

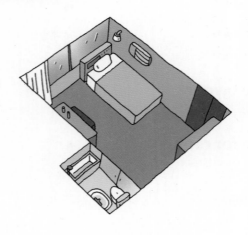

bathroom [bǽθrùːm 베스루-움]   *n.* 욕실, 화장실

bathtub [bǽθtʌb 베쓰텁]   *n.* 욕조

washstand [wáʃstænd 와쉬스탠드]   *n.* 세면대

kitchen [kítʃin 키친]   *n.* 부엌

sink [siŋk 씽크]   *n.* 싱크대

garage [gərάːʒ 거라-지]   *n.* 차고

doorbell [dɔ́ːrbèl 도어-ㄹ벨]   *n.* 초인종

entrance [éntrəns 엔트런스]   *n.* 입구, 현관

exit [égzit 에그짓]   *n.* 출구

corridor [kɔ́ːridər 코-리더ㄹ]   *n.* 복도

balcony [bǽlkəni 밸커니]   *n.* 발코니

floor [flɔːr 플로어-ㄹ]   *n.* 마루, 바닥

window [wíndou 윈도우]   *n.* 창문

door [dɔːr 도어-ㄹ]   *n.* 문

stair [stɛər 스테어ㄹ]   *n.* 계단

story [stɔ́ːri 스토-리]   *n.* 층

spacious [spéiʃəs 스페이셔스]   *a.* 넓은, 널따란

basement [béismənt 베이스먼트]   *n.* 지하실

주거

ceiling [síːliŋ 씨-링]   *n.* 천장

roof [ruːf 루-프]   *n.* 지붕

chimney [tʃímni 침니]   *n.* 굴뚝

pillar [pílər 필러ㄹ]   *n.* 기둥

wall [wɔːl 워-얼]   *n.* 담, 벽

fence [fens 펜스]   *n.* 울타리

yard [jɑːrd 야-ㄹ드]   *n.* 마당

garden [gáːrdn 가-ㄹ든]   *n.* 정원, 뜰

faucet [fɔ́ːsit 풔-싯]   *n.* 수도꼭지

drain [drein 드레인]   *n.* 배수구, 하수시설

gas [gæs 개스]   *n.* 가스

electricity [ilèktrísəti 일렉트리써티]   *n.* 전기

> 가구와 세간

furniture [fə́:rnitʃər 풔-ㄹ니쳐ㄹ]   *n.* 가구

chair [tʃεər 췌어ㄹ]   *n.* 의자

desk [desk 데스크]   *n.* 책상

bookshelf [búkʃèlf 북쉘프]   *n.* 책꽂이

drawer [drɔ́:r 드로-ㄹ]   *n.* 서랍

table [téibəl 테이블]   *n.* 탁자

tablecloth [téibəlklɔ̀θ 테이블클러스]   *n.* 식탁보

clock [klɑk 클라크]   *n.* 벽시계

mirror [mírər 미러ㄹ]   *n.* 거울

carpet [kɑ́:rpit 카-ㄹ핏]   *n.* 카펫

curtain [kə́:rtn 커-ㄹ튼]   *n.* 커튼

couch [kautʃ 카우치]   *n.* 소파

sofa [sóufə 쏘우퍼]   *n.* 소파

cushion [kúʃən 쿠션]   *n.* 방석

vase [veis 베이스]　　　　　　　　　　*n.* 꽃병

calendar [kǽləndər 캘런더ㄹ]　　　　　*n.* 달력

key [ki: 키-]　　　　　　　　　　　　*n.* 열쇠

shelf [ʃelf 쉘프]　　　　　　　　　　*n.* 선반

mattress [mǽtris 매트뤼스]　　　　　　*n.* 요

blanket [blǽŋkit 블랭킷]　　　　　　　*n.* 담요

sheet [ʃi:t 씨-트]　　　　　　　　　　*n.* 커버, 홑이불

cradle [kréidl 크레이들]　　　　　　　*n.* 요람

dresser [drésər 드레서ㄹ]　　　　　　　*n.* 화장대

closet [klázit 클라지트]　　　　　　　*n.* 벽장, 골방

chandelier [ʃændəlíər 샌들리어ㄹ]　　　*n.* 샹들리에

rug [rʌg 러그]　　　　　　　　　　　*n.* 깔개

cabinet [kǽbənit 캐버닛]　　　　　　　*n.* 장

pillow [pílou 필로우]　　　　　　　　*n.* 베게

> 가전제품

television [téləvìʒən 텔러비젼]   *n.* 텔레비전

stove [stouv 스토우브]   *n.* 난로

radio [réidiòu 레이디오우]   *n.* 라디오

주거

camera [kǽmərə 캐머러]   *n.* 카메라

stereo [stériòu 스테리오우]   *n.* 오디오

sewing machine   *n.* 재봉틀
[sóuiŋ məʃíːn 쏘우잉 머쉬-인]

iron [áiərn 아이언]   *n.* 다리미

humidifier   *n.* 가습기
[hjuːmídəfàiər 휴-미더파이어ㄹ]

washing machine   *n.* 세탁기
[wáʃiŋ məʃíːn 와슁 머쉬-인]

vacuum cleaner   *n.* 진공청소기
[vǽkjuəm klíːnər 배큐움 클리-너ㄹ]

81

dishwasher [diʃ wàʃər 디쉬 와셔ㄹ]   *n.* 식기세척기

outlet [áutlet 아웃렛]   *n.* 콘센트

photocopier
[fóutoukàpiər 포우토우카피어ㄹ]   *n.* 복사기

calculator
[kǽlkjulèitər 캘큘레이터ㄹ]   *n.* 전자계산기

fax [fæks 팩스]
facsimile [fæksíməli 팩시멀리]   *n.* 팩스, 팩시밀리

air conditioner   *n.* 에어컨
[ɛər kəndíʃənər 에어ㄹ 컨디셔너ㄹ]

electric razor   *n.* 전기면도기
[iléktrik réizər 일렉트릭 레이저ㄹ]

coffee maker   *n.* 커피메이커
[kɔ́:fi méikər 커-피 메이커-ㄹ]

fix [fiks 픽스]   *v.* 고치다,
수선하다(= repair)

remote control   *n.* 리모컨
[rimóut kəntróul 리모우트 컨트로울]

toaster [tóustər 토우스터ㄹ]   *n.* 토스터기

CD player
[sí:dí: pléiər 씨-디- 플레이어ㄹ]

n. CD 플레이어

tape [teip 테이프]

v. 녹화하다, 녹음하다

heater [hí:tər 히-터ㄹ]

n. 난방장치

electric fan
[iléktrik fæn 일렉트릭 팬]

n. 선풍기

주거

light [lait 라이트]

n. 전등, 조명

lamp [læmp 램프]

n. 램프

switch [switʃ 스위치]

n. 스위치

> 부엌용품

bowl [boul 보울]

n. 그릇

dish [diʃ 디쉬]

n. 접시, 요리

plate [pleit 플레이트]

n. 접시

chopstick [tʃápstìk 찹스틱]　　　　　*n.* 젓가락

spoon [spuːn 스푸-운]　　　　　*n.* 숟가락

fork [fɔːrk 포-르크]　　　　　*n.* 포크

cup [kʌp 컵]　　　　　*n.* 컵, 잔

glass [glæs 글래스]　　　　　*n.* 유리컵

saucer [sɔ́ːsər 쏘-서르]　　　　　*n.* 받침 접시

thermos [θɔ́ːrməs 써-르머스]　　　　　*n.* 보온병

grater [gréitər 그레이터르]　　　　　*n.* 강판

eggbeater [eɡbìːtər 에그비-터르]　　　　　*n.* 거품기

sieve [siv 씨브]　　　　　*n.* (고운) 체

measuring cup
　[méʒəriŋ kʌp 메저링 컵]　　　　　*n.* 계량컵

scale [skeil 스케일]　　　　　*n.* 저울

oven [ʌ́vən 어븐]　　　　　*n.* 오븐

stove [stouv 스토우브]　　　　　*n.* 스토브, 가스렌지

pot [pɑt 파트] *n.* 냄비

frying pan [fraiŋ pæn 프라잉 팬] *n.* 프라이팬

turner [tə́:rnər 터-러너ㄹ] *n.* 뒤집개

knife [naif 나이프] *n.* 식칼

tray [trei 트레이] *n.* 쟁반

kettle [kétl 케틀] *n.* 주전자

dishcloth [diʃklɔ(:)θ 디쉬클러스] *n.* 행주

apron [éiprən 에이프런] *n.* 앞치마

cutting board *n.* 도마
[kʌ́tiŋ bɔːrd 커팅 보-ㄹ드]

scoop [skuːp 스쿠-프] *n.* 주걱

ladle [léidl 레이들] *n.* 국자

sink [siŋk 씽크] *n.* 개수대

ventilation fan *n.* 환풍기
[vèntəléiʃən fæn 벤털레이션 팬]

주거

freezer [fríːzər 프리-저리]　　　　　　*n.* 냉동고

refrigerator　　　　　　　　　　　　*n.* 냉장고
[rifrídʒərèitər 리프리저레이터리]

microwave oven　　　　　　　　　*n.* 전자레인지
[máikrouwèiv ʌ́vən 마이크로우웨이브 오븐]

blender [bléndər 블렌더리]　　　　　*n.* 믹서

rice cooker [rais kúkər 롸이스 쿠커리]　*n.* 밥솥

> 기타 가사용품

housework　　　　　　　　　　　　*n.* 가사, 집안일
[háuswəːrk 하우스워-ㄹ크]

broom [bru(ː)m 브룸]　　　　　　　　*n.* 비

dustpan [dʌ́stpæ̀n 더스트팬]　　　　*n.* 쓰레받기

bucket [bʌ́kit 버킷]　　　　　　　　*n.* 양동이

duster [dʌ́stər 더스터리]　　　　　　*n.* 걸레

mop [mɑp 맙] *n.* 마포걸레, 대걸레

detergent [ditə́:rdʒənt 디터-ㄹ전트] *n.* 세제

toilet paper
[tɔ́ilit péipər 토일릿 페이퍼ㄹ] *n.* 화장지

garbage can
[gá:rbidʒ kæn 가-ㄹ비쥐 캔] *n.* 쓰레기통

basin [béisən 베이슨] *n.* 대야

laundry [lɔ́:ndri 러-언드리] *n.* 세탁, 세탁물

clothespin [klouðpìn 클로우스핀] *n.* 빨래집게

cleaning [klí:niŋ 클리-닝] *n.* 청소

dust [dʌst 더스트] *n.* 먼지

waste [weist 웨이스트] *n.* 쓰레기

mosquito repellent
[məskí:tou ripélənt 머스키-토우 뤼펠런트] *n.* 모기향

mold [mould 모울드] *n.* 곰팡이

주거

87

Is this Mr. Kim's residence?
이즈 디스 미스터ㄹ 킴스 레지던스

김 씨 댁이 여기입니까?

What are the terms of the lease?
왓 아ㄹ 더 텀즈 오브 더 리-스

임대 계약 조건이 어떻게 돼요?

Open the windows and let some fresh air in.
오픈 더 윈도우즈 앤 렛 썸 프레쉬 에어ㄹ 인

창문을 열고 환기를 시키세요.

Need new furniture for your home or office?
니드 뉴 풔-ㄹ니쳐-ㄹ 풔ㄹ 유어ㄹ 호움 오어ㄹ 오피스

가정이나 사무실에 새 가구가 필요하세요?

When can you deliver the stove?
웬 캔 유 딜리버ㄹ 더 스토우브

난로를 언제 배달해 주실 수 있어요?

Can you fix it right now?
캔 유 픽스 잇 롸잇 나우

지금 고쳐줄 수 있나요?

What does the red light mean?
왓 더즈 더 레드 라이트 민

빨간색 불은 뭘 말하는 거예요?

What kind of dish is this?
왓 카인돕 디쉬 이즈 디스

이것은 무슨 요리입니까?

Are there some apples in the refrigerator?
아르 데어르 썸 애플즈 인 더 리프리저레이터-ㄹ

냉장고에 사과가 좀 있어요?

PART 06

인체와 건강

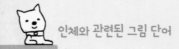
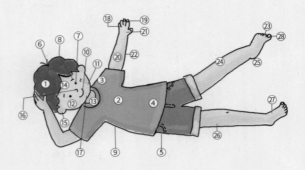

① **head** 머리　　　　　② **breast** 가슴

③ **shoulder** 어깨　　　④ **belly** 배

⑤ **hip** 엉덩이　　　　　⑥ **hair** 머리카락

⑦ **eye** 눈　　　　　　　⑧ **eyebrow** 눈썹

⑨ **back** 등　　　　　　⑩ **mouth** 입

⑪ **face** 얼굴　　　　　⑫ **cheek** 볼

⑬ **neck** 목　　　　　　⑭ **forehead** 이마

⑮ **ear** 귀　　　　　　　⑯ **nose** 코

⑰ **chin** 턱　　　　　　⑱ **finger** 손가락

⑲ **nail** 손톱　　　　　⑳ **arm** 팔

㉑ **hand** 손　　　　　　㉒ **elbow** 팔꿈치

㉓ **toe** 발가락　　　　　㉔ **knee** 무릎

㉕ **heel** 발뒤꿈치　　　㉖ **leg** 다리

㉗ **foot** 발　　　　　　㉘ **toenail** 발톱

> 인체 전반

body [bádi 바디]　　　　　　　　*n.* 육체

spirit [spírit 스피릿]　　　　　　*n.* 정신

power [páuər 파워ㄹ]　　　　　　*n.* 힘, 정력

vigor [vígər 비거ㄹ]　　　　　　*n.* 기운, 활기

life [laif 라이프]　　　　　　　　*n.* 생명, 목숨

health [helθ 헬스]　　　　　　　*n.* 건강

인체와
건강

> 인체의 명칭

head [hed 헤드]　　　　　　　　　*n.* 머리

hair [hɛər 헤어ㄹ]　　　　　　　*n.* 머리카락

brain [brein 브레인]　　　　　　*n.* 뇌

forehead [fɔ́:rhèd 포-ㄹ헤드]　　*n.* 이마

face [feis 페이스]　　　　　　　*n.* 얼굴

temple [témpl 템플]　　　　　　*n.* 관자놀이

dimple [dímpl 딤플]　　　　　　*n.* 보조개

pimple [pímpl 핌플]　　　　　　*n.* 여드름

birthmark [bə:rθmà:rk 버-ㄹ스마-ㄹ크]　*n.* 점

wrinkle [ríŋkl 링클]　　　　　　　　*n.* 주름

discoloration　　　　　　　　*n.* 기미
[diskλləréiʃən 디스컬러레이션]

freckle [frékl 프레클]　　　　　　*n.* 주근깨

eye [ai 아이]　　　　　　　　　*n.* 눈

pupil [pjúːpl 퓨-플]　　　　　　*n.* 눈동자

eyebrow [aibràu 아이브라우]　　　*n.* 눈썹

eyelid [ailìd 아일리드]　　　　　*n.* 눈꺼풀

double eyelid　　　　　　　　*n.* 쌍꺼풀
[dʌ́bl ailìd 더블 아일리드]

single eyelid　　　　　　　　*n.* 홑꺼풀 ,
[síŋgl ailìd 씽글 아일리드]

eyelashes [ailǽʃis 아일래쉬스]　　*n.* 속눈썹

ear [iər 이어ㄹ]　　　　　　　*n.* 귀

cheek [tʃiːk 취-크]　　　　　　*n.* 볼, 뺨

nose [nouz 노우즈]　　　　　　*n.* 코

nostril [nástril 나스트릴]　　　　*n.* 콧구멍

mouth [mauθ 마우스]　　　　　*n.* 입

tongue [tʌŋ 텅]　　　　　　　　　　*n.* 혀

lip [lip 립]　　　　　　　　　　*n.* 입술

tooth [tu:θ 투-스]　　　　　　　*n.* 이, 치아

wisdom tooth　　　　　　　　*n.* 사랑니
[wízdəm tu:θ 위즈덤 투-스]

canine tooth　　　　　　　　*n.* 송곳니
[kéinain tu:θ 케이나인 투-스]

snaggletooth　　　　　　　　*n.* 덧니
[snǽgltù:θ 스내글투-스]

milk tooth [milk tu:θ 밀크 투-스]　　*n.* 젖니

gum [gum 검]　　　　　　　　*n.* 잇몸

throat [θrout 쓰로우트]　　　　　*n.* 목구멍

esophagus [isáfəgəs 이싸퍼거스]　*n.* 식도

jaw [dʒɔ: 저-]　　　　　　　　*n.* 턱

chin [tʃin 친]　　　　　　　　*n.* 아래턱

beard [biərd 비어ㄹ드]　　　　*n.* 턱수염

whisker [hwískər 위스커ㄹ]　　*n.* 구레나룻

sideburns [saidbə̀ːrnz 싸이드버-ㄹ언즈]　*n.* 짧은 구레나룻

인체와
건강

95

mustache [mʌ́stæʃ 머스태쉬]　　　*n.* 콧수염

neck [nek 넥]　　　*n.* 목

arm [ɑːrm 아암]　　　*n.* 팔

elbow [élbou 엘보우]　　　*n.* 팔꿈치

wrist [rist 리스트]　　　*n.* 손목

hand [hænd 핸드]　　　*n.* 손

fist [fist 피스트]　　　*n.* 주먹

palm [pɑːm 파암]　　　*n.* 손바닥

finger [fíŋɡər 핑거ㄹ]　　　*n.* 손가락

thumb [θʌm 썸]　　　*n.* 엄지손가락

index finger
[índeks fíŋɡər 인덱스 핑거ㄹ]　　　*n.* 집게손가락[인지]

middle finger
[mídl fíŋɡər 미들 핑거ㄹ]　　　*n.* 가운뎃손가락[중지]

ring finger [riŋ fíŋgər 링 핑거ㄹ]   *n.* 약손가락[무명지]

little finger [lítl fíŋgər 리틀 핑거ㄹ]   *n.* 새끼손가락

nail [neil 네일]   *n.* 손톱, 발톱

shoulder [ʃóuldər 쇼울더ㄹ]   *n.* 어깨

side [said 싸이드]   *n.* 옆구리

chest [tʃest 체스트]   *n.* 가슴

breast [brest 브레스트]   *n.* 젖가슴

nipple [nípl 니플]   *n.* 젖꼭지

navel [néivl 네이블]   *n.* 배꼽

womb [wu:m 우-움]   *n.* 자궁

waist [weist 웨이스트]   *n.* 허리

back [bæk 백]   *n.* 등

rib [rib 립]   *n.* 갈비뼈, 늑골

buttocks [bʌ́təks 버턱스]   *n.* 엉덩이

anus [éinəs 에이너스]   *n.* 항문

bowel movement   *n.* 배변
[báuəl mú:vmənt 바우얼 무-브먼트]

leg [leg 레그]   *n.* 다리

인체와
건강

97

thigh [θai 싸이]　　　　　　　　*n.* 넓적다리, 허벅지

lap [læp 랩]　　　　　　　　　*n.* 무릎(앉았을 때 허리에서
　　　　　　　　　　　　　　　　　무릎마디까지)

knee [ni: 니-]　　　　　　　　　*n.* 무릎

shin [ʃin 쉰]　　　　　　　　　*n.* 정강이

joint [dʒɔint 조인트]　　　　　　*n.* 관절

calf [kæf 캐프]　　　　　　　　*n.* 종아리, 장딴지

ankle [ǽŋkl 앵클]　　　　　　　*n.* 발목

foot [fut 풋]　　　　　　　　　*n.* 발

heel [hi:l 히-일]　　　　　　　　*n.* 발뒤꿈치

toe [tou 토우]　　　　　　　　*n.* 발가락

big toe [big tou 빅 토우]　　　　*n.* 엄지발가락

second toe　　　　　　　　　*n.* 둘째발가락
　[sékənd tou 쎄컨드 토우]

third toe [θəːrd tou 써-르드 토우]　*n.* 셋째발가락

fourth toe [fɔːrθ tou 풔-르스 토우]　*n.* 넷째발가락

little toe [lítl tou 리틀 토우]　　　　　*n.* 새끼발가락

organ [ɔ́:rgən 오-르건]　　　　　*n.* 장기, 기관

heart [hɑ:rt 하르트]　　　　　*n.* 심장

liver [lívər 리버르]　　　　　*n.* 간장

lung [lʌŋ 렁]　　　　　*n.* 폐, 허파

bronchus [bráŋkəs 브롱커스]　　　　　*n.* 기관지

stomach [stʌ́mək 스터먹]　　　　　*n.* 배, 위

bowels [báuəls 바우얼즈]　　　　　*n.* 장

small intestine　　　　　*n.* 소장
[smɔ:l intéstin 스모-올 인테스틴]

large intestine　　　　　*n.* 대장
[lɑ:rdʒ intéstin 라-르쥐 인테스틴]

pancreas [pǽnkriəs 팬크리어스]　　　　　*n.* 췌장

spleen [spli:n 스플리-인]　　　　　*n.* 비장

bladder [blǽdər 블래더르]　　　　　*n.* 방광

kidney [kídni 키드니]　　　　　*n.* 신장

spine [spain 스파인]　　　　　*n.* 척추

flesh [fleʃ 플레쉬]　　　　　*n.* 살

인체와 건강

bone [boun 보운]   *n.* 뼈

muscle [mʌ́səl 머슬]   *n.* 근육

neuron [njúərɑn 뉴어란]   *n.* 신경

cell [sel 쎌]   *n.* 세포

skin [skin 스킨]   *n.* 피부

tendon [téndn 텐든]   *n.* 힘줄

blood vessel   *n.* 혈관
  [blʌd vésl 블러드 베쓸]

arteries [ɑ́ːrtəriz 아-ㄹ터리즈]   *n.* 동맥

vein [vein 베인]   *n.* 정맥

> 생리적 현상

breath [breθ 브레쓰]   *n.* 호흡, 숨

sigh [sai 싸이]   *n. v.* 한숨(쉬다)

cough [kɔ(ː)f 커프]   *n. v.* 기침(하다)

sneeze [sniːz 스니-즈]   *n. v.* 재채기(하다)

yawn [jɔːn 여-언]   *n. v.* 하품(하다)

heat [hiːt 히-트]   *n.* 열, 뜨거움

sweat [swet 스웨트] *n.* 땀 *v.* 땀나다

grime [graim 그롸임] *n.* 때

tear [tiə:r 티어-ㄹ] *n.* 눈물

snivel [snívəl 스니벌] *n.* 콧물
v. 콧물을 흘리다

saliva [səláivə 설라이버] *n.* 침

wind [wind 윈드] *n.* 방귀

feces [fí:si:z 피-씨-즈] *n.* 똥, 대변

인체와
건강

urine [júərin 유어린] *n.* 오줌, 소변

hiccup [híkʌp 힉컵] *n.* 딸꾹질
v. 딸꾹질 하다

burp [bə:rp 버-ㄹ프] *n.* 트림
v. 트림시키다

stretch [stretʃ 스트레치] *n.* 기지개
v. 기지개를 켜다

sleep [sli:p 슬리-입] *v.* 잠자다

101

> 체력 측정

physical [fízikəl 피지컬]   *a.* 육체의, 신체의

weight [weit 웨이트]   *n.* 몸무게, 체중

height [hait 하이트]   *n.* 신장

blood pressure   *n.* 혈압
[blʌd préʃər 블러드 프레셔ㄹ]

pulse [pʌls 펄스]   *n.* 맥박

temperature   *n.* 체온
[témpərətʃuər 템퍼뤄쳐ㄹ]

eyesight [aisàit 아이싸이트]   *n.* 시력

hearing [híəriŋ 히어링]   *n.* 청력

voice [vɔis 보이스]   *n.* 목소리

normal [nɔ́ːrməl 노-ㄹ멀]   *a.* 정상적인

abnormal [æbnɔ́ːrməl 애브노-ㄹ멀]   *a.* 비정상적인

> 병과 증상

symptom [símptəm 씸텀]   *n.* 증상

disease [dizíːz 디지-즈]   *n.* 질병

illness [ilnis 일니스]   *n.* 병

sickness [síknis 씨크니스]   *n.* 병, 아픔

ill [il 일]   *a.* 아픈

sick [sik 식크]   *a.* 아픈

acute [əkjúːt 어큐-트]   *a.* 급성의

chronic [kránik 크라닉]   *a.* 만성의

relapse [rilǽps 릴랩스]   *n.* 악화, 재발

cold [kould 코울드]   *n.* 감기

flu [fluː 플루-]   *n.* 유행성 감기, 독감

fatigue [fətíːg 퍼티-그]   *n.* 피로, 피곤

virus [váiərəs 바이어러스]   *n.* 바이러스

hangover [hǽŋòuvər 행오우버ㄹ]   *n.* 숙취

fever [fíːvər 피-버ㄹ]   *n.* 열

인체와 건강

scar [skɑ:r 스카-ㄹ]   *n.* 상처

vomit [vámit 바미트]   *n. v.* 구토(하다)

diarrhea [dàiərí:ə 다이어리-어]   *n.* 설사

nausea [nɔ́:ziə 너-지어]   *n.* 매스꺼움

dizziness [dízinis 디지니스]   *n.* 현기증

fracture [frǽktʃər 프랙춰-ㄹ]   *n.* 골절

break [breik 브레이크]   *v.* 부러뜨리다

headache [hédèik 헤데이크]   *n.* 두통

burn [bə:rn 버-언]   *n.* 화상

diabetes [dàiəbí:tis 다이어비-티스]   *n.* 당뇨병

heart disease
[hɑ:rt dizí:z 하-르트 디지-즈]   *n.* 심장병

heart attack
[hɑ:rt ətǽk 하-르트 어택]   *n.* 심장발작

stroke [strouk 스트로우크]   *n.* 뇌졸중

dementia [diménʃiə 디멘시어]   *n.* 치매

leukemia [lu:kí:miə 루-키-미어]   *n.* 백혈병

anemia [əní:miə 어니-미어]   *n.* 빈혈

osteoporosis *n.* 골다공증
[ὰstioupəróusis 아스티오우프로우씨스]

cataract [kǽtərækt 캐터랙트] *n.* 백내장

glaucoma [glɔːkóumə 글러-코우머] *n.* 녹내장

dermatitis *n.* 피부염
[də̀ːrmətáitis 더-ㄹ머타이티스]

epilepsy [épəlèpsi 에퍼렙씨] *n.* 간질

pneumonia [njumóunjə 뉴모우니어] *n.* 폐렴

tuberculosis *n.* 결핵
[tjubə̀ːrkjəlóusis 튜버-ㄹ클로우씨스]

AIDS [eidz 에이즈] *n.* 후천성면역결핍증

cancer [kǽnsər 캔서ㄹ] *n.* 암

tumor [tjúːmər 튜-머ㄹ] *n.* 종양

ulcer [ʌ́lsər 얼서ㄹ] *n.* 궤양

asthma [ǽzmə 애즈머] *n.* 천식

chicken pox [tʃíkin pɑks 치킨 팍스] *n.* 수두

measles [míːzlz 미-즐즈] *n.* 홍역

stomach trouble *n.* 배탈
[stʌ́mək trʌ́bl 스터머크 트러블]

인체와
건강

105

constipation
[kànstəpéiʃən 칸스터페이션]

n. 변비

hemorrhoids
[hémərɔ̀idz 헤머뤄이즈]

n. 치질

period pains
[píəriəd peins 피어뤼어드 페인스]

n. 생리통

food poisoning
[fu:d pɔ́izəniŋ 푸-드 포이즈닝]

n. 식중독

indigestion
[ìndidʒéstʃən 인디제스쳔]

n. 소화불량

insomnia [insámniə 인쌈니어]

n. 불면증

feigned illness
[feind ilnis 페인드 일니스]

n. 꾀병

pregnancy [préɡnənsi 프레그넌씨]

n. 임신

delivery [dilívəri 딜리버리]

n. 출산

swoon [swuːn 스우-운]

n. 실신, 기절

comatose [kóumətòus 코우머토우스]

n. 혼수상태

brain death [brein deθ 브뤠인 데쓰]

n. 뇌사

allergy [ǽlərdʒi 앨러ㄹ쥐]

n. 알레르기

rash [ræʃ 래쉬]   *n.* 발진, 뽀루지

obesity [oubíːsəti 오우비-써티]   *n.* 비만증

morning sickness   *n.* 입덧
[mɔ́ːrniŋ síknis 모-르닝 씨크니스]

chill [tʃil 칠]   *n.* 오한

bruise [bruːz 브루-즈]   *n.* 멍

cut [kʌt 커트]   *v.* 절개하다

sprain [sprein 스프레인]   *v.* 삐다, 접질리다

wound [wuːnd 우-운드]   *n.* 부상, 상처

injury [índʒəri 인줘리]   *n.* 상처

bleeding [blíːdiŋ 블리-딩]   *n.* 출혈

overwork   *n.* 과로
[òuvərwɔ́ːrk 오우버르워-르크]

stress [stres 스트레스]   *n.* 스트레스, 압박

인체와
건강

107

cavity [kǽvəti 캐버티]   *n.* 썩은 이빨

aftereffect
[ǽftərifèkt 애프터ㄹ이펙트]   *n.* 후유증

transplant
[trænsplǽnt 트랜스플랜트]   *n. v.* 이식(하다)

pain [pein 페인]   *n.* 통증

feel [fi:l 피-일]   *v.* 느끼다

ache [eik 에이크]   *n.* 아픔, 쑤심

itch [itʃ 이취]   *n.* 가려움

sore [sɔːr 쏘어-ㄹ]   *a.* 아픈

toothache [túːθèik 투-쓰에이크]   *n.* 치통

backache [bǽkèik 백에이크]   *n.* 요통

> 의료

medical [médikəl 메디컬]　　　　　　　*a.* 의료의, 의학의

examination　　　　　　　*n.* 검사, 진찰
[igzæmənéiʃən 이그재머네이션]

sanitation [sænətéiʃən 쌔너테이션]　　　　*n.* 위생

immunity [imjú:nəti 이뮤-너티]　　　　*n.* 면역

germm [ʤə:rm 저-엄]　　　　　　*n.* 세균

diagnosis　　　　　　　　*n.* 진단
[dàiəgnóusis 다이어그노우시스]

treatment [trí:tmənt 트리-트먼트]　　　　*n.* 치료

thermometer　　　　　　*n.* 온도계
[θərmámitər 써ㄹ마미터ㄹ]

nutrition [nju:tríʃən 뉴-트리션]　　　　*n.* 영양

recover [rikʌ́vər 리커버ㄹ]　　　　　*v.* 회복하다

care [kɛər 케어ㄹ]　　　　　　　*n.* 간호, 돌봄

relieve [rilí:v 릴리-브]　　　　　　*v.* 완화하다

인체와
건강

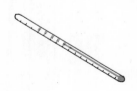

medical check - up
[médikəl tʃekˊʌp 메디컬 체크 업]

n. 건강 진단

blood [blʌd 블러드]

n. 피

therapy [θérəpi 쎄러피]

n. 치료, 요법

operation [ùpəréiʃən 아퍼레이션]

n. 수술

shot [ʃɑt 샷]

injection [indʒékʃən 인젝션]

n. 주사

blood type [blʌd taip 블러드 타입]

n. 혈액형

sling [sliŋ 슬링]

n. 어깨에 맨 붕대

cast [kæst 캐스트]

n. 깁스

disinfection
[dìsinfékʃən 디스인펙션]

n. 소독

anesthesia
[æ̀nəsθíːʒə 애너스시-저]

n. 마취

X - rays [eks reiz 엑스 레이즈]

n. 엑스레이

prescription
[priskrípʃən 프리스크립션]

n. 처방전

vaccination
[væksənéiʃən 백스네이션]
n. 예방접종

needle [níːdl 니-들]
n. 침, 바늘

acupuncture
[ǽkjupʌ̀ŋktʃər 애큐펑춰ㄹ]
n. 침술

blood transfusion
[blʌd trænsfjúːʒən 블러드 트랜스퓨-전]
n. 수혈

blood donation
[blʌd dounéiʃən 블러드 도우네이션]
n. 헌혈

인체와
건강

> 병원

hospital [háspitl 하스피틀]
n. 종합병원

clinic [klínik 클리닉]
n. 개인병원, 진료소

patient [péiʃənt 페이션트]
n. 환자

doctor [dáktər 닥터ㄹ]
n. 의사

physician [fizíʃən 피지션]
n. 의사, 내과의사

surgeon [sə́ːrdʒən 써-ㄹ줜]
n. 외과의사

dentist [déntist 덴티스트]
n. 치과의사

internal medicine   *n.* 내과
[intə́:rnl médəsn 인터-ㄹ늘 메더슨]

surgery [sə́:rdʒəri 써-ㄹ줘리]   *n.* 외과

pediatrics [pì:diǽtriks 피-디애트릭스]   *n.* 소아과

ophthalmology   *n.* 안과
[àfθælmálədʒi 압쌜말러쥐]

dermatology   *n.* 피부과
[də̀:rmətálədʒ 더-ㄹ머탈러쥐]

plastic surgery   *n.* 성형외과
[plǽstik sə́:rdʒəri 플래스틱 써-ㄹ줘리]

urology [juərálədʒi 유어랄러지]   *n.* 비뇨기과

obstetrics and gynecology *n.* 산부인과
[əbstétriks ænd gàinikálədʒ 업스테트릭스 앤드 가이니칼러지]

orthopedics   *n.* 정형외과
[ɔ̀:rθoupí:diks 어-ㄹ쏘우피-딕스]

radiology   *n.* 방사선과
[rèidiálədʒ 뤠이디알러지]

neurology   *n.* 신경과
[njuərálədʒi 뉴어랄러지]

neuropsychiatry
[njùərousaikáiətri 뉴어로우싸이카이어트리]

n. 신경정신과

dental clinic
[déntl klínik 덴틀 클리닉]

n. 치과

Oriental medicine clinic
[ɔ:riéntl médəsn klínik 오-리엔틀 메더슨 클리닉]

n. 한의원

nurse [nə:rs 너-르스]

n. 간호사

hospital gown
[háspitl gaun 하스피틀 가운]

n. 환자복

인체와
건강

ward [wɔ:rd 워-르드]

n. 병동

ambulance [ǽmbjuləns 앰뷸런스]

n. 구급차

emergency room
[imə́:rdʒənsi ru:m 이머-르줜씨 루-움]

n. 응급실

delivery room
[dilívəri ru:m 딜리버리 루-움]

n. 분만실

wheelchair [wíːltʃɛər 위-일췌어르]

n. 휠체어

> 약품

drug [drʌg 드러그]　　　　　　　　　*n.* 약

medicine [médəsn 메더슨]　　　　　　*n.* 내복약

pharmacy [fáːrməsi 파-ㄹ머씨]　　　　*n.* 약국

pharmacist [fáːrməsist 팔-머씨스트]　　*n.* 약사

liquid medicine　　　　　　　　　*n.* 물약
[líkwid médəsn 리퀴드 메더슨]

powder [páudər 파우더ㄹ]　　　　　　*n.* 가루약

tablet [tǽblit 태블릿]　　　　　　　　*n.* 정제

pill [pil 필]　　　　　　　　　　　　*n.* 알약

ointment [ɔ́intmənt 오인트먼트]　　　*n.* 연고

capsule [kǽpsjuːl 캡슈-울]　　　　　*n.* 캡슐

eyelotion [ailóuʃən 아이로우션]　　　*n.* 안약

drip [drip 드립]　　　　　　　　　　*n.* 점적약

vitamins [váitəmin 바이터민]　　　*n.* 비타민

side effect [said ifékt 싸이드 이펙트]　　　*n.* 부작용

plaster [plǽstər 플래스터ㄹ]　　　*n.* 반창고

bandage [bǽndidʒ 밴디쥐]　　　*n.* 붕대

fever reducer　　　*n.* 해열제
[fíːvər ridjúːsər 피-버ㄹ 리듀-서ㄹ]

painkiller [péinkìlər 페인킬러ㄹ]　　　*n.* 진통제

nutrient [njúːtriənt 뉴-트리언트]　　　*n.* 영양제

sedative [sédətiv 쎄더티브]　　　*n.* 진정제

sleeping drug　　　*n.* 수면제
[slíːpiŋ drʌg 슬리-핑 드러그]

digestive [didʒéstiv 디제스티브]　　　*n.* 소화제

vaccine [væksíːn 백씨-인]　　　*n.* 백신

laxative [lǽksətiv 랙써티브]　　　*n.* 완하제, 관장약

gargle [gáːrgl 가-ㄹ글]　　　*v.* 양치질하다

dose [dous 도우스]　　　*n.* 복용량

인체와
건강

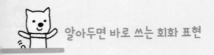

What is the best exercise for your body?

왓 이즈 더 베스트 엑서ㄹ사이즈 풔ㄹ 유어ㄹ 바디

건강에 가장 좋은 운동은 무엇일까요?

My nose is stuffed up.

마이 노우즈 이즈 스텁트 업

코가 막혔어요.

I pulled out my wisdom tooth at the dentist's today.

아이 풀드 아웃 마이 위즈덤 투-스 앳 더 덴티스츠 투데이

저는 오늘 치과에서 사랑니를 뽑았어요.

I burned my hand with boiling water.

아이 번드 마이 핸드 위드 보일링 워러ㄹ

끓는 물에 손을 데었습니다.

I'm trying to make waist slim.

아임 트라잉 투 메익 웨이스트 슬림

허리 살을 좀 빼려고 합니다.

My left foot hurts.

마이 레프트 풋 헐츠

왼쪽 발이 아파요.

I have a severe muscle pain.

아이 해버 씨비어ㄹ 머슬 페인

근육통이 심합니다.

Let's take your blood pressure and pulse.

렛츠 테익 유어ㄹ 블러드 프레셔ㄹ 앤 펄스

혈압과 맥박을 재 봅시다.

Take this prescription to a druggist.

테익 디스 프리스크립션 투 어 드러기스트

약사에게 이 처방전을 가져가십시오.

Is there a hospital nearby?

이즈 데어러 하스피틀 니어ㄹ바이

근처에 병원이 있습니까?

Take this
prescription
to a druggist.

PART 07

가족과
인간관계

1. **bird** 새
2. **brother** 남자형제
3. **cat** 고양이
4. **child** 아이
5. **dog** 개
6. **father** 아버지
7. **grandmother** 할머니
8. **husband** 남편
9. **mother** 어머니
10. **sister** 여자형제
11. **uncle** 아저씨
12. **wife** 부인
13. **aunt** 아주머니
14. **children** 아이들
15. **cousin** 사촌
16. **daughter** 딸
17. **grandfather** 할아버지
18. **nephew** 조카
19. **niece** 조카딸
20. **son** 아들

> 가족관계

ancestor [ǽnsestər 앤세스터리]　　　　*n.* 조상, 선조

relative [rélətiv 렐러티브]　　　　*n.* 친척, 일가

family [fǽməli 패밀리]　　　　*n.* 가족, 식구

grandparents　　　　*n.* 조부모
[grǽndpèərənts 그랜드페어런츠]

grandfather　　　　*n.* 할아버지
[grǽndfɑ̀:ðər 그랜드파-더리]

grandmother　　　　*n.* 할머니
[grǽndmʌ̀ðər 그랜드머더리]

grandchild　　　　*n.* 손자, 손녀
[grǽndtʃàild 그랜드촤일드]

grandson [grǽndsʌn 그랜드썬]　　　　*n.* 손자

granddaughter　　　　*n.* 손녀
[grǽnddɔ̀:tər 그랜드더-터리]

parents [péərənts 페어런츠]　　　　*n.* 양친, 부모

mother [mʌ́ðər 머더리]　　　　*n.* 어머니

father [fɑ́:ðər 파-더리]　　　　*n.* 아버지

stepfather [stepfɑ́:ðər 스텝파더리]　　　　*n.* 의붓아버지

가족과
인간관계

stepmother [stepmʌ́ðər 스텝머더ㄹ]　　　*n.* 의붓어머니

stepchild [steptʃàild 스텝촤일드]　　　*n.* 의붓자식

wife [waif 와이프]　　　*n.* 부인

husband [hʌ́zbənd 허즈번드]　　　*n.* 남편

son [sʌn 썬]　　　*n.* 아들

daughter [dɔ́:tər 더-터ㄹ]　　　*n.* 딸

siblings [síbliŋz 씨블링즈]　　　*n.* 형제, 자매

brother [brʌ́ðər 브러더ㄹ]　　　*n.* 남자형제

sister [sístər 씨스터ㄹ]　　　*n.* 여자형제

uncle [ʌ́ŋkl 엉클]　　　*n.* 삼촌[숙부], 아저씨

aunt [ænt 앤트]　　　*n.* 숙모[고모, 이모]

cousin [kʌ́zn 커즌]　　　*n.* 사촌

nephew [néfju: 네퓨-]   *n.* 남자조카

niece [ni:s 니-스]   *n.* 여자조카

daughter - in - law   *n.* 며느리
[dɔ́:tər in lɔ: 더-터ㄹ 인 러-]

son - in - law [sʌ́n in lɔ: 썬 인 러-]   *n.* 사위

father - in - law   *n.* 시아버지
[fá:ðər in lɔ: 파-더ㄹ 인 러-]

mother - in - law   *n.* 시어머니
[mʌ́ðər in lɔ: 머더ㄹ 인 러-]

sister - in - law   *n.* 시누이, 올케
[sístə:r in lɔ: 씨스터ㄹ 인 러-]

brother - in - law   *n.* 시동생, 처남
[brʌ́ðər in lɔ: 브러더ㄹ 인 러-]

가족과
인간관계

> 인생과 결혼

human life [hjú:mən laif 휴먼 라이프]   *n.* 인생

birth [bə:rθ 버-ㄹ쓰]   *n.* 출생, 탄생

name [neim 네임]   *n.* 성명, 이름

life [laif 라이프]   *n.* 삶, 생활

lifetime [láiftàim 라이프타임]   *n.* 일생, 평생, 생애

love [lʌv 러브]   *n. v.* 사랑(하다)

lover [lʌ́vər 러버ㄹ]   *n.* 애인

engagement
[engéidʒmənt 엔게이지먼트]   *n.* 약혼

marriage [mǽridʒ 매리쥐]   *n.* 결혼

one - sided love
[wʌn sáidid lʌv 원 싸이디드 러브]   *n.* 짝사랑

kiss [kis 키스]   *n.* 입맞춤

ring [riŋ 링]   *n.* 반지

wedding ceremony
[wédiŋ sérəmòuni 웨딩 쎄러모우니]   *n.* 결혼식

honeymoon [hʌ́nimùːn 허니무-운] *n.* 신혼여행

bridegroom [bráidgrù(ː)m 브라이드그루움] *n.* 신랑

bride [braid 브라이드] *n.* 신부

single [síŋgl 씽글] *a.* 미혼의

married [mǽrid 매리드] *a.* 기혼의

divorce [divɔ́ːrs 디보-ㄹ스] *n. v.* 이혼(하다)

meeting [míːtiŋ 미-팅] *n.* 만남

parting [páːrtiŋ 파-ㄹ팅] *n.* 이별

funeral [fjúːnərəl 퓨-너럴] *n.* 장례식

burial [bériəl 베리얼] *n.* 매장

grave [greiv 그레이브] *n.* 무덤

tombstone [túːmstòun 투-움스토운] *n.* 묘비

cremation [kriméiʃən 크리메이션] *n.* 화장

deceased [disíːst 디씨-스트] *n.* 고인

death [deθ 데쓰] *n.* 죽음, 사망

fate [feit 페이트] *n.* 운명

friend [frend 프렌드] *n.* 친구, 벗

가족과
인간관계

125

neighborhood [néibərhùd 네이버ㄹ후드]	*n.* 근처, 이웃
neighbor [néibər 네이버ㄹ]	*n.* 이웃(사람)
age [eidʒ 에이쥐]	*n.* 나이
kid [kid 키드]	*n.* 꼬마, 어린이
boy [bɔi 보이]	*n.* 소년, 사내 아이
girl [gə:rl 거-ㄹ얼]	*n.* 소녀
youth [ju:θ 유-쓰]	*n.* 청년, 젊은이
adult [ədʌ́lt 어덜트]	*n.* 성인, 어른
elder [éldər 엘더ㄹ]	*n.* 노인, 연장자
guy [gai 가이]	*n.* 놈, 녀석
guarantor [gæ̀rəntɔ́:r 개런터-ㄹ]	*n.* 보증인
guardian [gáːrdiən 가-ㄹ디언]	*n.* 보호자, 후견인

man [mæn 맨]　　　　　　　　　　　*n.* 남자

woman [wúmən 우먼]　　　　　　　　*n.* 여자

> 이성과의 교제

relationship [riléiʃənʃip 릴레이션쉽]　　*n.* 관계

associate [əsóuʃièit 어쏘시에이트]　　*v.* 교제하다

together [təgéðər 투게더ㄹ]　　　　*ad.* 함께

alone [əlóun 얼로운]　　　　　　　*a.* 혼자서

reputation [rèpjutéiʃən 레퓨테이션]　　*n.* 평판

trust [trʌst 트러스트]　　　　　　　*n. v.* 신뢰(하다)

respect [rispékt 리스펙트]　　　　　*n. v.* 존경(하다)

rely [rilai 릴라이]　　　　　　　　　*v.* 의존하다

praise [preiz 프레이즈]　　　　　　*n.* 칭찬

obey [oubéi 오우베이]　　　　　　　*v.* 복종하다

follow [fálou 팔로우]　　　　　　　*v.* 따르다

excuse [ikskjú:z 익스큐-즈]　　　　*v.* 용서하다

hate [heit 헤이트]　　　　　　　　　*v.* 싫어하다

가족과
인간관계

despise [dispáiz 디스파이즈]   *v.* 경멸하다

insult [ínsʌlt 인썰트]   *v.* 모욕하다

envy [énvi 엔비]   *v.* 부러워하다

rumor [rú:mər 루-머ㄹ]   *n.* 소문

miss [mis 미스]   *v.* 그리워하다

propose [prəpóuz 프러포우즈]   *n. v.* 청혼(하다)

dump [dʌmp 덤프]   *v.* 차버리다

favor [féivər 페이버ㄹ]   *n.* 호의, 은혜

charm [tʃɑːrm 차-암]   *n.* 매력

popularity [pàpjulǽrəti 파퓰레러티]   *n.* 인기

memories [méməriz 메머리즈]   *n.* 추억

> 트러블

trouble [trʌ́bl 트러블]　　　　　　*n.* 곤란

problem [prɑ́bləm 프라블럼]　　　　*n.* 문제

matter [mǽtər 매터ㄹ]　　　　　　*n.* 문제, 일, 사건

situation [sìtʃuéiʃən 씨추에이션]　　*n.* 상황, 입장

reason [ríːzən 리-즌]　　　　　　　*n.* 이유, 까닭

result [rizʌ́lt 리절트]　　　　　　 *n.* 결과

fight [fait 파이트]　　　　　　　　*n.* 싸움 *v.* 싸우다

hit [hit 힛]　　　　　　　　　　　*v.* 때리다

slap [slæp 슬랩]　　　　　　　　　*n.* 찰싹 때리다

pinch [pintʃ 핀취]　　　　　　　　*v.* 꼬집다

kick [kik 킥]　　　　　　　　　　 *v.* 발로 차다

quarrel [kwɔ́ːrəl 쿼-럴]　　　　　*n. v.* 말다툼(하다)

argue [ɑ́ːrgjuː 아-ㄹ규-]　　　　　*v.* 논의하다, 논쟁하다

accuse [əkjúːz 어큐-즈]　　　　　 *v.* 고발하다, 비난하다

blame [bleim 블레임]　　　　　　 *v.* 나무라다, 책망하다

apology [əpɑ́lədʒi 어팔러지]　　　*n.* 사과

가족과
인간관계

> 방문과 초대

greet [griːt 그리-트]   *v.* 인사하다

greeting [gríːtiŋ 그리-팅]   *n.* 인사

introduce [ìntrədjúːs 인트러듀-스]   *v.* 소개하다

invite [inváit 인바이트]   *v.* 초대하다, 초청하다

invitation [ìnvətéiʃən 인버테이션]   *n.* 초대

visit [vízit 비지트]   *n. v.* 방문(하다)

welcome [wélkəm 웰컴]   *n. v.* 환영(하다)

manners [mǽnərz 매너ㄹ즈]   *n.* 예의

participation
[pɑːrtìsəpéiʃən 파-ㄹ티써페이션]   *n.* 참가

meeting [míːtiŋ 미-팅]   *n.* 모임

guide [gaid 가이드]   *n. v.* 안내(하다)

shake hands
[ʃeik hændz 쉐이크 핸즈]   *v.* 악수하다

host [houst 호우스트]　　　　　　　*n.* 주인

guest [gest 게스트]　　　　　　　*n.* 손님

meet [mi:t 미-트]　　　　　　　*v.* 만나다

appointment　　　　　　　*n.* 약속
　[əpɔ́intmənt 어포인트먼트]

party [pá:rti 파-ㄹ티]　　　　　　*n.* 파티

congratulate　　　　　　　*v.* 축하하다
　[kəngrǽtʃulèit 컹그래츄레이트]

present [preznt 프레즌트]　　　　　*n.* 선물

accept [æksépt 액쎕트]　　　　　*v.* 받아들이다

decline [dikláin 디클라인]　　　　*v.* 거절하다

polite [pəláit 펄라이트]　　　　　*a.* 정중한

rude [ru:d 루-드]　　　　　　　*a.* 무례한

가족과
인간관계

131

Say hello to your family for me.
쎄이 헬로우 투 유어ㄹ 패밀리 풔ㄹ 미

당신 가족에게 제 안부 좀 전해 주세요.

How many brothers and sisters do you have?
하우 매니 브러더ㄹ즈 앤 씨스터ㄹ즈 두 유 해브

형제가 몇 분이세요?

This is my sister and that is my cousin.
디스 이즈 마이 씨스터ㄹ 앤 댓 이즈 마이 커즌

이쪽이 나의 누이이고 저쪽이 나의 사촌이에요.

They divorced each other finally.
데이 디보ㄹ스드 이취 아더ㄹ 파이널리

그들은 결국 서로 이혼했어.

My neighborhood is noisy.
마이 네이버ㄹ후드 이즈 노이지

저희 집 주변은 시끄러워요.

I respect my boss.
아이 리스펙ㅌ 마이 보스

저는 제 상사를 존경합니다.

I hate chatty person.
아이 헤이트 채티 퍼ㄹ슨

나는 수다스러운 사람이 싫어.

Please accept my apology.

플리즈 억셉트 마이 어팔러지

저의 사과를 받아 주세요.

I'd like to invite you to my birthday party.

아이드 라익 투 인바이트 유 투 마이 버스데이 파티

이번 주말 제 생일 파티에 당신을 초대하고 싶어요.

I'm sorry I have another appointment.

아임 쏘리 아이 해브 어나더ㄹ 어포인트먼트

죄송한데 다른 약속이 있습니다.

가족과
인간관계

PART 08

정보와
교통

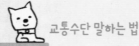 교통수단 말하는 법

A: **Where can I take the subway to Jamsil?**
웨어ㄹ 캔 아이 테익 더 썹웨이 투 잠실
잠실까지 가려고 하는데 어디서 전철을 타야 합니까?

B: **You need to get off at the next stop.**
유 니 투 게롭 앳 더 넥슷탑
다음 정류장에서 내리세요.

A: **What line should I take?**
왓 라인 슈다이 테익
몇 호선을 타야 하나요?

B: **Line two, the green line.**
라인 투 더 그린 라인
2호선을 타세요. 초록색으로 된 곳이에요.

▶ '~을 타고'는 교통기관명 앞에 by를 붙인다.
단, '걸어서'는 on foot이라고 한다.

I go by taxi.   나는 택시로 간다.
I go on foot.   나는 걸어서 간다.

> 전화

communication   *n.* 통신
[kəmjùːnəkéiʃən 커뮤-너케이션]

telephone [téləfòun 텔러포운]   *n.* 전화

cellular phone   *n.* 휴대전화
[séljulər foun 쎌률러ㄹ 포운]

smartphone   *n.* 스마트폰
[smɑːrt fòun 스마-트 포운]

dial tone [dáiəl toun 다이얼 토운]   *n.* 발신음

call [kɔːl 코-올]   *v.* 전화하다

hold on [hould ɔ́n 호울드 언]   *v.* (끊지 않고) 기다리다

hang up [hæŋ ʌp 행 업]   *v.* 끊다

connect [kənékt 커넥트]   *v.* 접속하다, 연결하다

message [mésidʒ 메시지]   *n.* 메시지

receiver [risíːvər 리시-버ㄹ]   *n.* 수화기

text message   *n.* 문자 메시지
[tekst mésidʒ 텍스트 메시쥐]

dial [dáiəl 다이얼]   *n.* 다이얼
       v. 다이얼을 돌리다

정보와
교통

PART 08

crank call [kræŋk kɔːl 크랭크 코-올]　　　*n.* 장난전화

cross [krɔːs 크러-스]　　　*n.* 혼선

telephone directory
[téləfòun diréktəri 텔러포운 디**뤡**터리]　　　*n.* 전화번호부

domestic call
[douméstik kɔːl 도우메스틱 코-올]　　　*n.* 국내전화

long distance call
[lɔːŋ dístəns kɔːl 로-옹 디스턴스 코-올]　　　*n.* 장거리전화

trunk call [trʌŋk kɔːl 트렁크 코-올]　　　*n.* 시외전화

local call [lóukəl kɔːl 로우컬 코-올]　　　*n.* 시내전화

collect call [kəlékt kɔːl 컬렉트 코-올]　　　*n.* 수신자부담 전화

answering machine
[ǽnsəriŋ məʃíːn 앤써링 머쉬-인]　　　*n.* 자동응답전화기

videophone
[vídioufòun 비디오우포운]　　　*n.* 화상전화

extension number
[iksténʃən nʌ́mbər 익스텐션 넘버리]　　　*n.* 내선번호

> 우편

post [poust 포우스트]   *n.* 우편

letter [létər 레터ㄹ]   *n.* 편지

envelope [énvəlòp 엔벨롭]   *n.* 봉투

stamp [stæmp 스탬프]   *n.* 우표

postcard   *n.* 엽서
[póustkà:rd 포우스트카ㄹ드]

postage [póustidʒ 포우스티쥐]   *n.* 우편요금

money order   *n.* 우편환
[mʌ́ni ɔ́:rdər 머니 오-ㄹ더ㄹ]

zip code [zip koud 집 코우드]   *n.* 우편번호

mailbox [méilbàks 메일박스]   *n.* 우체통

window [wíndou 윈도우]   *n.* 창구

address [ədrés 어드레스]   *n.* 주소

registered   *a.* 등기의
[rédʒistərd 레지스터ㄹ드]

정보와
교통

139

send [send 쎈드]   v. 보내다

telegram [téləgræm 텔러그램]   n. 전보

parcel [páːrsl 파-ㄹ슬]   n. 소포

scale [skeil 스케일]   n. 저울

notice [nóutis 노우티스]   n. 통지

enclose [enklóuz 엔클로우즈]   v. 동봉하다

airmail [ɛərmèil 에어ㄹ메일]   n. 항공우편

junk mail [dʒʌŋk mèil 정크 메일]   n. 광고 우편물

sender [séndər 쎈더ㄹ]   n. 발신인, 발송인

answer [ǽnsər 앤써ㄹ]   n. 회답, 답장

> 매스미디어

media [míːdiə 미-디어]   n. 매체

magazine [mǽgəzíːn 매거지-인]   n. 잡지

journalist [dʒə́:rnəlist 저-러널리스트]   *n.* 언론인, 기자

publish [pʌ́bliʃ 퍼블리쉬]   *v.* 출판하다

interview [íntərvjù: 인터ㄹ뷰-]   *n.* 회견, 인터뷰

reporter [ripɔ́:rtər 리포-러터ㄹ]   *n.* 기자

anchor [ǽŋkər 앵커ㄹ]   *n.* 방송앵커

sponsor [spánsər 스판서ㄹ]   *n. v.* 스폰서(가 되다)

producer [prədjú:sər 프러듀-서ㄹ]   *n.* 프로듀서(PD), 제작자

journalism   *n.* 언론계
[dʒə́:rnəlìzm 저-러널리즘]

broadcast [brɔ́:dkæst 브러-드캐스트]   *n.* 방송

station [stéiʃən 스테이션]   *n.* 방송국

documentary   *n.* 다큐멘터리
[dàkjuméntəri 다큐멘터리]

news [nju:z 뉴-즈]   *n.* 뉴스, 소식, 보도

drama [drá:mə 드라-머]   *n.* 극, 연극

rerun [rírʌ̀n 리런]   *n.* 재상영

satellite [sǽtəlàit 새털라이트]   *n.* 위성방송

cable [kéibl 케이블]   *n.* 케이블방송

정보와
교통

141

commercial [kəmə́ːrʃəl 커머-ㄹ셜] *n.* 방송 광고

newspaper
[njúːzpèipər 뉴-즈페이퍼ㄹ] *n.* 신문

article [áːrtikl 아-ㄹ티클] *n.* 기사

editorial [èdətɔ́ːriəl 에더터-리얼] *n.* 사설

advertisement
[ǽdvərtáizmənt 애드버ㄹ타이즈먼트] *n.* 광고

press [pres 프레스] *n.* 보도기관

news agency
[njuːz éidʒənsi 뉴-즈 에이전씨] *n.* 통신사

report [ripɔ́ːrt 리포-ㄹ트] *n.* 보도, 기사

coverage [kʌ́vəridʒ 커버리쥐] *n.* 취재, 보도

audience [ɔ́ːdiəns 어-디언스] *n.* 시청자, 청취자

book [buk 북] *n.* 서적

fiction [fíkʃən 픽션] *n.* 소설

novel [návəl 나블] *n.* (장편)소설

dictionary [díkʃənèri 딕셔네리] *n.* 사전, 사서

encyclopedia
[ensàikloupíːdiə 엔싸이클로피-디어] *n.* 백과사전

author [ɔ́:θər 어-써ㄹ]   n. 저자

contribute [kəntríbjuːt 컨트리뷰-트]   v. 기고하다

edit [édit 에디트]   v. 편집하다

manuscript   n. 원고
[mǽnjuskrìpt 매뉴스크립트]

deadline [dedlàin 데드라인]   n (원고) 마감시간,
최종 기한

printing [príntiŋ 프린팅]   n. 인쇄

> 컴퓨터와 인터넷

computer [kəmpjúːtər 컴퓨-터ㄹ]   n. 컴퓨터

desktop [desktɑp 데스크탑]   n. 탁상용 컴퓨터

laptop [lǽptɑ̀p 랩탑]   n. 노트북

display [displéi 디스플레이]　　　　　　　　*n.* 화면표시기

mouse [maus 마우스]　　　　　　　　*n.* 마우스

click [klik 클릭]　　　　　　　　*v.* 클릭하다, 누르다

boot [buːt 부-트]　　　　　　　　*v.* 시동시키다, 띄우다

storage [stɔ́ːridʒ 스토-리쥐]　　　　　　　　*n.* 기억[저장]장치

hardware [hɑːrdwèər 하-ㄹ드웨어ㄹ]　　　　　　　　*n.* 하드웨어

software [sɔ́ːftwèər 쏘-프트웨어ㄹ]　　　　　　　　*n.* 소프트웨어

operating system
[ápərèitiŋ sístəm 아퍼레이팅 씨스템]　　　　　　　　*n.* 운영체계

upgrade [ʌ́pgrèid 업그레이드]　　　　　　　　*v.* 업그레이드하다

data [déitə 데이터]　　　　　　　　*n.* 자료

database [déitəbèis 데이터베이스]　　　　　　　　*n.* 데이터베이스

input [ínpùt 인풋]　　　　　　　　*n.* 입력

output [áutpùt 아웃풋]　　　　　　　　*n.* 출력

printout [printàut 프린트아웃]　　　　　　　　*n.* 프린트 출력

save [seiv 쎄이브]　　　　　　　　*v.* 저장하다

file [fail 파일]　　　　　　　　*n.* 기록철, 파일

analyze [ǽnəlàiz 애널라이즈]　　　　　　　　*v.* 분석하다

information
[ìnfərméiʃən 인풔ㄹ메이션]

n. 정보

network [nétwə̀:rk 네트워-ㄹ크]

n. 통신망

Internet [íntərnèt 인터ㄹ넷]

n. 인터넷

keyboard [kíbɔ̀:rd 키보-ㄹ드]

n. 키보드, 자판

program [próugræm 프로우그램]

n. 프로그램

search engine
[sə:rtʃ éndʒin 써-ㄹ취 엔진]

n. 검색엔진

e - commerce
[i: kámərs 이- 카머ㄹ스]

n. 전자상거래

home page
[houm peidʒ 호움 페이지]

n. 홈페이지

정보와
교통

messenger [mésəndʒər 메선저ㄹ]

n. 메신저

e - mail [í: mèil 이-메일]

n. 전자우편

145

print [print 프린트]　　　　　　　　　　　*n. v.* 인쇄(하다)

delete [dilíːt 딜리-트]　　　　　　　　　　*n. v.* 삭제(하다)

copy [kápi 카피]　　　　　　　　　　　　*n. v.* 복사(하다)

paste [peist 페이스트]　　　　　　　　　　*v.* 붙이다

password [pǽswə̀ːrd 패스워-르드]　　　　*n.* 비밀번호

transmit [trænsmít 트랜스미트]　　　　　*v.* 전송하다

download [dáunlòud 다운로우드]　　　　*n. v.* 다운로드(하다)

online [ánlain 안라인]　　　　　　　　　*a.* 온라인의

offline [ɔ́ːflàin 오-프라인]　　　　　　　*a.* 오프라인의

virus [váiərəs 바이어러스]　　　　　　　*n.* 바이러스

hacker [hǽkər 해커르]　　　　　　　　　*n.* 컴퓨터 침입자

> 교통

traffic [trǽfik 트래픽]　　　　　　　　　*n.* 교통

transport [trænspɔ́ːrt 트랜스포-르트]　　*n.* 운송

elevator [éləvèitər 엘러베이터르]　　　　*n.* 승강기

escalator [éskəlèitər 에스컬레이터르]　　*n.* 에스컬레이터

car [kɑːr 카-르]　　　　　　　　　　　　*n.* 자동차

bus [bʌs 버스]   *n.* 버스

subway [sʌ́bwèi 써브웨이]   *n.* 지하철

airplane [ɛ́ərplèin 에어ㄹ플레인]   *n.* 비행기

truck [trʌk 트럭]   *n.* 트럭

jeep [dʒi:p 지-프]   *n.* 지프

ferry [féri 페리]   *n.* 배, 연락선

helicopter [hélikὰptər 헬리캅터ㄹ]   *n.* 헬리콥터

train [trein 트레인]   *n.* 기차

bicycle [báisikl 바이씨클]   *n.* 자전거

bike [baik 바이크]   *n.* 자전거

motorcycle   *n.* 오토바이
[móutərsàikl 모우터ㄹ싸이클]

taxi [tǽksi 택씨]   *n.* 택시

drive [draiv 드라이브]   *v.* 운전하다

get on [get ɔ:n 겟 어-언]   *v.* 타다

정보와
교통

get off [get ɔːf 겟 어-프]   *v.* 내리다

ticket [tíkit 티킷]   *n.* 표

fare [fɛər 페어ㄹ]   *n.* 요금

expressway   *n.* 고속도로
[ikspréswèi 익스프레스웨이]

toll gate [toul geit 토울 게이트]   *n.* 요금소

railroad [réilròud 레일로우드]   *n.* 철도

driver's license   *n.* 운전면허
[dráivərs láisəns 드라이버ㄹ스 라이선스]

steering wheel   *n.* 핸들
[stíəriŋ hwiːl 스티어링 휘-일]

horn [hɔːrn 호-온]   *n.* 경적

accelerator   *n.* 가속장치
[æksélərèitər 액셀러레이터ㄹ]

brake [breik 브레이크]   *n.* 제동장치, 브레이크

tyre [taiər 타이어ㄹ]   *n.* 타이어

trunk [trʌŋk 트렁크]   *n.* 트렁크

road [roud 로우드]   *n.* 도로, 길

street [striːt 스트리-트]   *n.* 거리, 가로

Information & traffic

avenue [ǽvənjùː 애버뉴-] *n.* 대로

way [wei 웨이] *n.* 길

alley [ǽli 앨리] *n.* 좁은 길, 샛길

seat belt [siːt belt 씨-트 벨트] *n.* 안전벨트

commuter [kəmjúːtər 커뮤-터ㄹ] *n.* 통근자

passenger [pǽsəndʒər 패씬저ㄹ] *n.* 승객

parking [páːrkiŋ 파-ㄹ킹] *n.* 주차

gas station *n.* 주유소
[gæs stéiʃən 개스 스테이션]

crossing [krɔ́ːsiŋ 크러-씽] *n.* 건널목

intersection *n.* 교차점
[ìntərsékʃən 인터ㄹ쎅션]

정보와
교통

149

traffic light   *n.* 신호등
[træfik lait 트래픽 라이트]

traffic sign   *n.* 교통표지
[træfik sain 트래픽 싸인]

crosswalk [krɔːswɔ̀ːk 크러-스워-크]   *n.* 횡단보도

sidewalk [sáidwɔ̀ːk 싸이드워-크]   *n.* 인도, 보도

lane [lein 레인]   *n.* 차선

curve [kəːrv 커-르브]   *n.* 곡선, 커브

detour [díːtuər 디-투어ㄹ]   *n.* 우회로

distance [dístəns 디스턴스]   *n.* 거리

speed limit   *n.* 제한속도
[spiːd limit 스피-드 리미트]

speeding [spíːdiŋ 스피-딩]   *n.* 속도위반

traffic law [træfik lɔː 트래픽 러-]   *n.* 교통법규

traffic jam [trǽfik dʒæm 트래픽 잼]   *n.* 교통체증

fine [fain 파인]   *n.* 벌금

pedestrian [pədéstriən 퍼데스트리언]   *n.* 보행자

shortcut [ʃɔːʳtkʌt 쇼-르트컷]   *n.* 지름길

> 열차

railroad [réilròud 레일로우드]   *n.* 철도

train [trein 트레인]   *n.* 기차

station [stéiʃən 스테이션]   *n.* 역

terminal [tɔːʳminl 터-르미늘]   *n.* 종점

platform [plǽtfɔːʳm 플랫풔-엄]   *n.* 승강장

derail [diréil 디레일]   *v.* 탈선하다

crowded [kráudid 크라우디드]   *a.* 혼잡한

empty [émpti 엠티]   *a.* 빈

one-way [wʌn wei 원 웨이]   *a.* 편도의

round-trip [raund trip 라운드 트륍]   *a.* 왕복의

transfer [trænsfɔ́ʳ 트랜스풔ㄹ]   *v.* 갈아타다

timetable [táimtèibl 타임테이블]   *n.* 시각표

정보와
교통

151

deliver [dilívər 딜리버ㄹ]   *v.* 배달하다

ship [ʃip 쉽]   *v.* 수송[발송]하다

> 항공

aviation [èiviéiʃən 에이비에이션]   *n.* 항공

aircraft [ɛ́ərkrὰ̀ft 에어ㄹ크래프트]   *n.* 항공기

jumbo jet
[dʒʌ́mbou dʒet 점보우 제트]   *n.* 점보 제트기
                                    <초대형 여객기>

airline [ɛ́ərlàin 에어ㄹ라인]   *n.* 항공로

airport [ɛ́ərpɔ̀ːrt 에어ㄹ포-ㄹ트]   *n.* 공항

control tower
[kəntróul táuər 컨트로울 타워ㄹ]   *n.* 관제탑

airplane [ɛ́ərplèin 에어ㄹ플레인]   *n.* 비행기

flight [flait 플라이트]   *n.* 비행, 편

departure [dipá:rtʃər 디파-ㄹ춰ㄹ]   *n.* 출발

arrival [əráivl 어라이블]   *n.* 도착

delay [diléi 딜레이]   *n. v.* 연착(되다)

boarding pass   *n.* 탑승권
[bó:rdiŋ pæs 보-ㄹ딩 패스]

confirm [kənfə́:rm 컨풔-엄]   *v.* (예약을) 확인하다

take off [teik ɔːf 테이크 어-프]   *v.* 이륙하다

land [lænd 랜드]   *v.* 착륙하다

pilot [páilət 파일럿]   *n.* 조종사

fly [flai 플라이]   *v.* 비행하다

정보와 교통

 선박

voyage [vɔ́idʒ 보이쥐]   *n.* 항해

sail [seil 쎄일]   *v.* 항해하다

ship [ʃip 쉽]   *n.* 큰 배

boat [bout 보우트]   *n.* 작은 배

ferry [féri 페리]   *n.* 페리, 연락선

cruise [kru:z 크루-즈]   *v.* 순항하다

tanker [tǽŋkər 탱커ㄹ]   *n.* 유조선

port [pɔ:rt 포-ㄹ트]   *n.* 항

harbor [háːrbər 하-ㄹ버ㄹ]   *n.* 항구

breakwater   *n.* 방파제
[bréikwɔ̀:tər 브레이크워-터ㄹ]

lighthouse [láithàus 라이트하우스]   *n.* 등대

> 세계의 대륙과 지역

continent [kántənənt 칸티넌트]   *n.* 대륙

Asia [éiʃə 에이셔]   *n.* 아시아

Europe [júərəp 유어럽]   *n.* 유럽

Africa [ǽfrikə 애프리커]   *n.* 아프리카

Oceania [òuʃiǽniə 오우시애니어]   *n.* 오세아니아

North America
[nɔːrθ əmérikə 노-르스 어메리커]

n. 북아메리카

South America
[sauθ əmérikə 싸우쓰 어메리커]

n. 남아메리카

Alaska [əlǽskə 얼래스커]

n. 알래스카

Middle East
[mídl iːst 미들 이-스트]

n. 중동

Central Asia
[séntrəl éiʃə 쎈트럴 에이셔]

n. 중앙아시아

Siberia [saibíəriə 싸이비어리어]

n. 시베리아

Pacific [pəsífik 퍼시픽]

n. 태평양

Atlantic [ætlǽntik 애틀랜틱]

n. 대서양

Indian Ocean
[índiən óuʃən 인디언 오우션]

n. 인도양

Mediterranean
[mèdətəréiniən 메더터레이니언]

n. 지중해

North Pole [nɔːrθ poul 노-르쓰 포울]

n. 북극

South Pole [sauθ poul 싸우쓰 포울]

n. 남극

정보와
교통

Please hang up and wait till we call you back.

플리즈 행 업 앤 웨잇 틸 위 콜 유 백

이쪽에서 다시 전화할 때까지 끊고 기다려 주십시오.

How much is the postage for this?

하우 머취 이즈 더 포우스티쥐 풔ㄹ 디스

이 우편 요금은 얼마입니까?

I'm in the publishing industry.

아임 인 더 퍼블리슁 인더스트리

출판업에 종사하고 있습니다.

I prefer novels to essays.

아이 프리풔ㄹ 나볼즈 투 에쎄이즈

수필보다 소설을 좋아합니다.

My computer is out of order.

마이 컴퓨-터르 이즈 아우롭 오더르

제 컴퓨터는 고장이 났습니다.

What station do I transfer?

왓 스테이션 두 아이 트랜스풔ㄹ

어느 역에서 갈아타죠?

Do you know where the airport is?

두 유 노우 웨어ㄹ 디 에어ㄹ포ㄹ트 이즈

공항이 어디에 있는지 아십니까?

I backpacked around Europe.

아이 백팩트 어라운드 유럽

저는 유럽으로 배낭여행을 다녀왔습니다.

Do you know
where the
airport is?

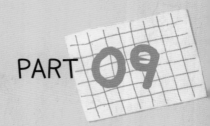

PART **09**

동물

동물과 관련된 그림 단어

monkey
원숭이

elephant
코끼리

giant panda
자이언트 판다

giraffe
기린

bear
곰

horse
말

tiger
호랑이

lion
사자

> 동물

animal [ǽnəməl 애니멀]   *n.* 동물

beast [bi:st 비-스트]   *n.* 짐승

livestock [láivstɑk` 라이브스탁]   *n.* 가축

young [jʌŋ 영]   *n.* 새끼

mother [mʌ́ðər 머더ㄹ]   *n.* 어미

female [fíːmeil 피-메일]   *n.* 암컷

male [meil 메일]   *n.* 수컷

tail [teil 테일]   *n.* 꼬리

wing [wiŋ 윙]   *n.* 날개

mammal [mǽməl 매멀]   *n.* 포유동물

pet [pet 펫]   *n.* 애완동물

dog [dɔ(ː)g 도그]   *n.* 개

cat [kæt 캣]   *n.* 고양이

rabbit [rǽbit 래빗]   *n.* 토끼

pig [pig 피그]   *n.* 돼지

horse [hɔːrs 호-ㄹ스]   *n.* 말

cow [kau 카우]   *n.* 암소, 젖소

동물

161

cattle [kǽtl 캐틀]　　　　　　　　　*n.* 소, 축우

mouse [maus 마우스]　　　　　　　*n.* 생쥐

rat [ræt 랫]　　　　　　　　　　　*n.* 쥐

lamb [læm 램]　　　　　　　　　　*n.* 새끼 양

sheep [ʃiːp 쉬-입]　　　　　　　　*n.* 양

goat [gout 고우트]　　　　　　　　*n.* 염소

donkey [dɔ́ŋki 덩키]　　　　　　　*n.* 당나귀

zebra [zíːbrə 지-브러]　　　　　　*n.* 얼룩말

elephant [éləfənt 엘러펀트]　　　*n.* 코끼리

monkey [mʌ́ŋki 멍키]　　　　　　*n.* 원숭이

deer [diər 디어ㄹ]　　　　　　　　*n.* 사슴

bear [bɛər 베어ㄹ]　　　　　　　　*n.* 곰

camel [kǽməl 캐멀]　　　　　　　*n.* 낙타

tiger [táigər 타이거ㄹ]　　　　　　　　*n.* 호랑이

lion [láiən 라이언]　　　　　　　　　　*n.* 사자

giraffe [ʤərǽf 쥐래프]　　　　　　　*n.* 기린

reptile [réptil 렙틀]　　　　　　　　　*n.* 파충류

lizard [lízərd 리저ㄹ드]　　　　　　　*n.* 도마뱀

alligator [ǽligèitər 앨리게이터ㄹ]　　*n.* 악어

fox [fɑks 팍스]　　　　　　　　　　　*n.* 여우

wolf [wulf 울프]　　　　　　　　　　*n.* 늑대

snake [sneik 스네이크]　　　　　　　*n.* 뱀

> 조류

bird [bəːrd 버·ㄹ드]　　　　　　　　　*n.* 새

cage [keidʒ 케이쥐]　　　　　　　　　*n.* 새장, 우리

nest [nest 네스트]　　　　　　　　　　*n.* 둥지, 보금자리

hatch [hæʧ 해취]　　　　　　　　　　*v.* 알을 깨다, 부화하다

duck [dʌk 덕]   *n.* 오리

chicken [tʃíkin 치킨]   *n.* 닭

hen [hen 헨]   *n.* 암탉

chick [tʃik 취크]   *n.* 병아리

goose [guːs 구-스]   *n.* 거위

wild goose [waild guːs 와일드 구스]   *n.* 기러기

sparrow [spǽrou 스패로우]   *n.* 참새

swallow [swálou 스왈로우]   *n.* 제비

pigeon [pídʒən 피전]   *n.* 비둘기

hawk [hɔːk 허-크]   *n.* 매

eagle [íːgəl 이-글]   *n.* 독수리

crow [krou 크로우]   *n.* 까마귀

magpie [mǽgpài 매그파이]   *n.* 까치

pheasant [féznt 페즌트] *n.* 꿩

skylark [skáilà:rk 스카이라-ㄹ크] *n.* 종달새

owl [aul 아울] *n.* 올빼미

migrant bird *n.* 철새
[máigrənt bə:rd 마이그런트 버-ㄹ드]

parrot [pǽrət 패럿] *n.* 앵무새

crane [krein 크레인] *n.* 두루미, 학

swan [swɑn 스완] *n.* 백조

peacock [pí:kàk 피-칵] *n.* 공작

ostrich [ɔ́(:)stritʃ 어-스트뤼취] *n.* 타조

동물

> 곤충

insect [ínsekt 인섹트] *n.* 곤충

bee [bi: 비-] *n.* 꿀벌

PART 09

wasp [wɑsp 와스프]   *n.* 말벌, 나니니벌

butterfly [bʌ́təɾflài 버터ㄹ플라이]   *n.* 나비

dragonfly [drǽgənflài 드래건플라이]   *n.* 잠자리

firefly [fáiəɾflài 파이어ㄹ플라이]   *n.* 반딧불

fly [flai 플라이]   *n.* 파리

maggot [mǽgət 매것]   *n.* 구더기

mosquito [məskíːtou 머스키-토우]   *n.* 모기, 모기떼

ant [ænt 앤트]   *n.* 개미

termite [tə́ːɾmait 터-ㄹ마이트]   *n.* 흰개미

spider [spáidəɾ 스파이더ㄹ]   *n.* 거미

web [web 웹]   *n.* 거미줄

earthworm [əːɾθwə̀ːɾm 어-ㄹ스워-엄]   *n.* 지렁이

silkworm [sílkwə̀ːɾm 실크워-엄]   *n.* 누에

grasshopper [grɑːshàpəɾ 그라스하퍼ㄹ]   *n.* 메뚜기

flea [fli: 플리-]   *n.* 벼룩

scorpion [skɔ́:rpiən 스코-ㄹ피언]   *n.* 전갈

beetle [bí:tl 비-틀]   *n.* 딱정벌레, 풍뎅이

cricket [kríkit 크리킷]   *n.* 귀뚜라미

ladybug [leidibʌg 레이디버그]   *n.* 무당벌레

moth [mɔ(:)θ 머쓰]   *n.* 나방

caterpillar [kǽtərpìlər 캐터ㄹ필러ㄹ]   *n.* 유충

cocoon [kəkú:n 커쿠-운]   *n.* 고치, 번데기

cockroach [kákròutʃ 카크로우취]   *n.* 바퀴벌레

snail [sneil 스네일]   *n.* 달팽이

slug [slʌg 슬러그]   *n.* 민달팽이

동물

> 어류

fish [fiʃ 피쉬]   *n.* 물고기

shrimp [ʃrimp 쉬림프]   *n.* 새우

squid [skwid 스퀴드]   *n.* 오징어

octopus [áktəpəs 악터퍼스]   *n.* 문어

eel [i:l 이-일]   *n.* 장어

whale [hweil 웨일]   n. 고래

dolphin [dálfin 달핀]   n. 돌고래

shark [ʃɑːrk 샤-ㄹ크]   n. 상어

mackerel [mǽkərəl 매커럴]   n. 고등어

sardine [sɑːrdíːn 싸-ㄹ디-인]   n. 정어리

saury [sɔ́ːri 써-리]   n. 꽁치

crab [kræb 크랩]   n. 게

trout [traut 트라우트]   n. 송어

salmon [sǽmən 새먼]   n. 연어

tuna [tjúːnə 튜-너]   n. 다랑어, 참치

turtle [tə́ːrtl 터-ㄹ틀]   n. 바다거북

tortoise [tɔ́ːrtəs 토-ㄹ터스]   n. 민물거북

frog [frɔːg 프러-그]   *n.* 개구리

tadpole [tǽdpòul 태드포울]   *n.* 올챙이

seaweed [síːwìːd 씨-위-드]   *n.* 해초, 미역

lobster [lábstər 랍스터ㄹ]   *n.* 바다가재

> 패류

shellfish [ʃélfiʃ 쉘피쉬]   *n.* 갑각류, 조개

scallop [skáləp 스칼럽]   *n.* 가리비

abalone [æbəlóuni 애벌로우니]   *n.* 전복

oyster [ɔ́istər 오이스터ㄹ]   *n.* 굴

clam [klæm 클램]   *n.* 대합조개

mussel [mʌ́sl 머슬]   *n.* 홍합

동물

Don't tread on the neck of animals.
돈트 트레드 온 더 넥 어브 애니멀즈

동물을 학대하지 마라.

How can animals such as cows and horses move?
하우 캔 애니멀즈 서치 애즈 카우즈 앤 호ㄹ시즈 무브

소나 말들은 어떻게 해서 움직일까요?

I'm like a bird, I'll only fly away.
아임 라이커 버-ㄹ드 아일 온리 플라이 어웨이

난 자유로운 새처럼 날아가 버릴거예요.

I climbed up a tree and found a bird's nest.
아이 클라임드 업 어 트리 앤 파운드 어 벌즈 네스트

나무 위에 올라갔다가 새 둥지를 하나 발견했어요.

Would you like beef or chicken?
우쥴 라익 비프 오어ㄹ 치킨

소고기와 닭고기가 있는데, 어느 것으로 하시겠습니까?

I have an insect bite.
아이 해번 인섹트 바잇트

벌레한테 물렸어요.

He is as slow as a snail.

히 이즈 애즈 슬로우 애즈 어 스네일

그는 달팽이처럼 느릿느릿하다.

When are salmon in season?

웬 아ㄹ 새먼 인 시즌

연어는 언제 잡을 수 있습니까?

Let's get some lobster tonight.

렛츠 겟 섬 랍스터ㄹ 투나잇ㅌ

오늘 저녁에는 바닷가재를 먹어요.

I like oysters, but they don't like me.

아이 라익 오이스터ㄹ즈 벗 데이 돈ㅌ 라익 미

굴은 좋아하지만 체질에 맞지 않아요.

동물

> I like oysters, but they don't like me.

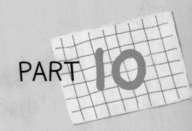

PART 10

식물

식물과 관련된 그림 단어

carrot
당근

onion
양파

cabbage
양배추

spinach
시금치

potato
감자

lemon
레몬

cherry
체리

watermelon
수박

banana
바나나

strawberry
딸기

grape
포도

식물

plant [plænt 플랜트] *n.* 식물

tree [tri: 트리-] *n.* 나무

flower [fláuər 플라워ㄹ] *n.* 꽃

leaf [li:f 리-프] *n.* 잎

root [ru:t 루-트] *n.* 뿌리

stem [stem 스템] *n.* 줄기

branch [bræntʃ 브랜취] *n.* 가지

vegetable [védʒətəbl 베지터블] *n.* 야채

seed [si:d 씨-드] *n.* 씨앗

skin [skin 스킨] *n.* 껍질

bush [buʃ 부쉬] *n.* 관목, 덤불

wood [wud 우-드] *n.* 숲

grass [græs 그래스] *n.* 풀, 잔디

field [fi:ld 피-일드] *n.* 목초지, 풀밭

ivy [áivi 아이비] *n.* 담쟁이덩굴

seedling [sí:dliŋ 씨-들링] *n.* 모종, 묘목

fallen leaves [fɔ́:lən li:vz 풸-런 리-브즈] *n.* 낙엽

식물

moss [mɔ(:)s 머스]　　　　　　　*n.* 이끼

cotton [kátn 카튼]　　　　　　　*n.* 목화

magnolia [mægnóuliə 매그노우리어]　　*n.* 목련

sprout [spraut 스프라우트]　　　　*n.* 새싹

petal [pétl 페틀]　　　　　　　*n.* 꽃잎

bud [bʌd 버드]　　　　　　　　*n.* 꽃봉오리

pollen [pálən 팔른]　　　　　　*n.* 꽃가루

bulb [bʌlb 벌브]　　　　　　　*n.* 알뿌리, 구근

vine [vain 바인]　　　　　　　*n.* 덩굴

rose [rouz 로우즈]　　　　　　*n.* 장미

cherry blossom　　　　　　*n.* 벚꽃
　[tʃéri blásəm 체리 블라썸]

lily [líli 릴리]　　　　　　　　*n.* 백합

sunflower [sʌ́nflàuər 썬플라워ㄹ]　　　*n.* 해바라기

tulip [tjúːlip 튜-울립]　　　*n.* 튤립

carnation [kɑːrnéiʃən 카-ㄹ네이션]　　　*n.* 카네이션

orchid [ɔ́ːrkid 오-ㄹ키ㄷ]　　　*n.* 난초

daffodil [dǽfədìl 대퍼딜]　　　*n.* 수선화

chrysanthemum　　　*n.* 국화
[krisǽnθəməm 크리샌써먼]

dandelion [dǽndəlàiən 댄덜라이언]　　　*n.* 민들레

bamboo [bæmbúː 뱀부-]　　　*n.* 대나무

thorn [θɔːrn 쏘-언]　　　*n.* 가시

reed [riːd 리-ㄷ]　　　*n.* 억새

식물

> 야채

lettuce [létis 레티스]　　　*n.* (양)상추

cabbage [kǽbidʒ 캐비쥐]   *n.* 양배추

onion [ʌ́njən 어니언]   *n.* 양파

green onion [gríːn ʌ́njən 그리-인 어니언] *n.* 파

leek [liːk 리-크]   *n.* 부추

carrot [kǽrət 캐럿]   *n.* 당근

cucumber [kjúːkəmbər 큐-컴버ㄹ]   *n.* 오이

pumpkin [pʌ́mpkin 펌킨]   *n.* 호박

radish [rǽdiʃ 래디쉬]   *n.* 무

garlic [gáːrlik 가-ㄹ릭]   *n.* 마늘

green pepper   *n.* 피망
[gríːn pépər 그리-인 페퍼ㄹ]

bean sprout   *n.* 콩나물
[bíːn sprauт 비-인 스프라우트]

potato [pətéitou 퍼테이토우]   *n.* 감자

sweet potato   *n.* 고구마
[swíːt pətéitou 스위-트 퍼테이토우]

tomato [təméitou 터메이토우]　　　　　　*n.* 토마토

bamboo shoot　　　　　　　　　　　*n.* 죽순
[bæmbú: ʃuːt 뱀부- 슈-트]

spinach [spínitʃ 스피니취]　　　　　　*n.* 시금치

broccoli [brɑ́kəli 브라컬리]　　　　　　*n.* 브로콜리

cauliflower　　　　　　　　　　　　*n.* 콜리플라워, 꽃양배추
[kɔ́:liflàuər 컬-리플라워ㄹ]

mushroom [mʌ́ʃru(:)m 머쉬룸]　　　　*n.* 버섯

eggplant [egplǽnt 에그플랜트]　　　　*n.* 가지

ginseng [ʤínseŋ 진셍]　　　　　　　　*n.* 인삼

celery [séləri 셀러리]　　　　　　　　*n.* 샐러리

asparagus [əspǽrəgəs 어스패러거스]　　*n.* 아스파라가스

parsley [pɑ́:rsli 파-ㄹ슬리]　　　　　　*n.* 파슬리

식물

> 과일

pick [pik 피크]　　　　　　　　　　　v. (과일 등을) 따다,
　　　　　　　　　　　　　　　　　　고르다, 줍다

apple [æpl 애플]　　　　　　　　　　n. 사과

tangerine [tændʒərí:n 탠줘리-인]　　n. 감귤

peach [pi:tʃ 피-취]　　　　　　　　　n. 복숭아

banana [bənǽnə 버내너]　　　　　　n. 바나나

melon [mélən 멜런]　　　　　　　　n. 멜론

orange [ɔ́(:)rindʒ 오린쥐]　　　　　　n. 오렌지

strawberry [strɔ́:bèri 스트러-베리]　　n. 딸기

watermelon　　　　　　　　　　　n. 수박
　[wɔ́:tərmèlən 워-터ㄹ멜런]

grape [greip 그레이프]　　　　　　　n. 포도

pear [pɛər 페어ㄹ]　　　　　　　　　n. 배

persimmon [pərsímən 퍼ㄹ씨먼]   *n.* 감

blueberry [blú:bèri 블루-베리]   *n.* 블루베리

kiwi [kí:wi 키-위]   *n.* 키위

chinese date   *n.* 대추
  [tʃainí:z deit 차이니-즈 데이트]

pineapple [páinæpl 파인애플]   *n.* 파인애플

cherry [tʃéri 체리]   *n.* 체리, 버찌

lime [laim 라임]   *n.* 라임

lemon [lémən 레먼]   *n.* 레몬

plum [plʌm 플럼]   *n.* 자두

apricot [æprəkàt 애프러캇ㅌ]   *n.* 살구

mango [mǽŋgou 맹고우]   *n.* 망고

coconut [kóukonʌt 코우코너ㅌ]   *n.* 코코넛

pomegranate   *n.* 석류
  [páməgrǽnit 파머그래니ㅌ]

fig [pig 피그]   *n.* 무화과

식물

> 견과류와 곡물

walnut [wɔ́:lnʌ̀t 워-얼너트]　　　　　*n.* 호두

chestnut [tʃésnʌ̀t 체스너트]　　　　*n.* 밤

peanut [píːnʌ̀t 피-너트]　　　　　　*n.* 땅콩

pine nut [pain nʌ̀t 파인 너트]　　　*n.* 잣

grain [grein 그레인]　　　　　　　*n.* 곡물

rice [rais 롸이스]　　　　　　　　*n.* 쌀

wheat [hwiːt 위-트]　　　　　　　*n.* 밀

oat [out 오우트]　　　　　　　　　*n.* 귀리

rye [rai 롸이]　　　　　　　　　　*n.* 호밀

barley [báːrli 바-ㄹ리]　　　　　　*n.* 보리

almond [áːmənd 아-먼드]　　　　　*n.* 아몬드

corn [kɔːrn 코-ㄹ온]　　　　　　　*n.* 옥수수

sesame [sésəmi 쎄서미]　　　　　　*n.* 참깨

bean [bi:n 비-인]　　　　　　　　　*n.* 콩

soy bean [sɔi bi:n 쏘이 비-인]　　　*n.* 대두, 메주콩

redbean [red bi:n 레드비-인]　　　　*n.* 팥

unripe bean　　　　　　　　　　*n.* 풋콩
[ʌnráip bi:n 언롸이프 비-인]

mungbean [mʌŋbi:n 멍비-인]　　　*n.* 녹두

kidney bean [kídni bi:n 키드니 비-인]　*n.* 강낭콩

pea [pi: 피-]　　　　　　　　　　*n.* 완두콩

foxtail millet　　　　　　　　　*n.* 조
[fákstèil mílit 팍스테일 밀리트]

식물

flour [flauər 플라워ㄹ]　　　　　　*n.* 밀가루

whole wheat　　　　　　　　　*n.* 통밀
[houl hwi:t 호울 위-트]

adlay [ǽdlài 애들라이]　　　　　　*n.* 율무

183

Are these plants difficult to take care of?

아ㄹ 디즈 플랜츠 디피컬트 투 테익 케어ㄹ 어브

이 식물들은 손이 많이 가나요?

Why are these fruits and vegetables so highly priced?

와이 아ㄹ 디즈 프룻츠 앤 베지터블즈 쏘 하일리 프라이스드

과일과 채소 가격이 왜 이렇게 올랐어요?

I'm allergic to pollen.

아임 얼럴ㄹ직 투 팔른

나는 꽃가루 알레르기가 있어요.

Jinhae is famous for its cherry blossoms.

진해 이즈 페이머스 풔ㄹ 잇츠 체리 블라썸즈

진해는 벚꽃의 명소에요.

An onion has a strong taste and smell.

언 어니언 해즈 어 스트롱 테이스트 앤 스멜

양파는 맛과 냄새가 강해요.

Where does the lemon flavor come from?

웨어ㄹ 더즈 더 레먼 플레이버ㄹ 컴 프럼

레몬 향은 무엇으로 냈어요?

I went to my uncle's and I picked chestnuts.
아이 웬트 투 마이 엉클즈 앤 아이 픽드 체스넛츠

삼촌댁에 가서 밤 땄어.

What's the best way to cook corn on the cob?
왓츠 더 베스트 웨이 투 쿡 콘 온 더 캅

옥수수를 통째로 익히는 데 가장 좋은 방법이 뭐예요?

Mix the potatoes, peas, salad dressing and parsley.
믹스 더 퍼테이토즈 피-즈 샐러드 드레싱 앤 파르슬리

감자, 콩, 샐러드 드레싱, 파슬리를 섞어라.

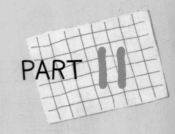

PART **II**

교육

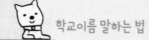

A: **Where do you go to school?**
웨어르 두 유 고우 투 스쿨
어느 학교에 다니십니까?

B: **I go to Seoul High School.**
아이 고우 투 써울 하이 스쿨
저는 서울고등학교에 다닙니다.

▶ 학교 이름을 앞에 붙일 때는 고유명사화 되기 때문에 nursery(놀이방)부터
graduate school(대학원)까지의 머리글자도 대문자로 쓰는 것이 일반적이다.

My daughter goes to Hana Kindergarten.
내 딸은 하나 유치원에 다닌다.

> 교육

education [èdʒukéiʃən 에주케이션]   *n.* 교육

learn [ləːrn 러-ㄹ언]   *v.* 배우다

study [stʌ́di 스터디]   *n.* 공부하다

student [stjúːdnt 스튜-든트]   *n.* 학생

teacher [tíːtʃər 티-춰ㄹ]   *n.* 선생님

kindergarten   *n.* 유치원
[kíndərgàːrtn 킨더ㄹ가-ㄹ튼]

cram school   *n.* 입시학원
[kræm skuːl 크램 스쿠-울]

institute [ínstətjùːt 인스티튜-트]   *n.* 연구소

teaching method   *n.* 교수법
[tíːtʃiŋ méθəd 티-칭 메써드]

degree [digríː 디그리-]   *n.* 학위

Master's degree   *n.* 석사학위
[mǽstərs digríː 매스터ㄹ스 디그리-]

doctorate [dáktərit 닥터리트]   *n.* 박사학위

professor [prəfésər 프러페서ㄹ]   *n.* 교수

교육

189

tutor [tjú:tər 튜-터ㄹ]   *n.* 개인, 가정교사

scholarship [skálərʃip 스칼러ㄹ쉽]   *n.* 장학금

absent [ǽbsənt 앱슨트]   *a.* 결석의

study abroad   *v.* 유학하다
[stʌ́di əbrɔ́:d 스터디 어브러-드]

> 학교

enter [éntər 엔터ㄹ]   *n. v.* 입학(하다)

elementary [èləméntəri 엘러멘터리]   *a.* 기초의, 초등의

school [sku:l 스쿠-울]   *n.* 학교

college [kálidʒ 칼리쥐]   *n.* (전문)대학

university   *n.* 대학교
[jù:nəvə́:rsəti 유-니버-ㄹ시티]

grade [greid 그레이드]   *n.* 학년

freshman [fréʃmən 프레쉬먼]　　　　　*n.* 대학 1학년

sophomore [sáfəmɔ̀:r 싸퍼모어-ㄹ]　　*n.* 대학 2학년

junior [dʒú:njər 쥬-니어ㄹ]　　　　　*n.* 3학년, 후배

senior [sí:njər 씨-니어ㄹ]　　　　　　*n.* 4학년, 선배

classmate [klǽsmèit 클래스메이트]　*n.* 반 친구, 급우

graduate [grǽʤuèit 그래주에이트]　　*n.* 졸업생
　　　　　　　　　　　　　　　　　v. 졸업하다

graduation　　　　　　　　　　　*n.* 졸업식
[græ̀ʤuéiʃən 그래주에이션]

dropout [drɑpàut 드랍아웃트]　　　　*n.* 중퇴자

classroom [klǽsrù(:)m 클래스룸]　　*n.* 교실

library [láibrèri 라이브레리]　　　　*n.* 도서관

gym [ʤim 쥠]　　　　　　　　　　　*n.* 체육관

dormitory　　　　　　　　　　　　*n.* 기숙사
[dɔ́:rmətɔ̀:ri 도-ㄹ미터-리]

교육

auditorium
[ɔ:ditɔ́:riəm 어-디터-리엄]
n. 강당

playground
[pleigràund 플레이그라운드]
n. 운동장

alumnus [əlʌ́mnəs 얼럼너스]
n. 동창생

entrance exam
[éntrəns igzǽm 엔트런스 이그잼]
n. 입학시험

bullying [búliŋ 불링]
n. 괴롭힘, 이지메

 학문

mathematics
[mæ̀θəmǽtiks 매스매틱스]
n. 수학

history [hístəri 히스토리]
n. 역사

ethics [éθiks 에씩스]
n. 윤리학

geography [ʤiːágrəfi 쥐-아그러피]   *n.* 지리

literature [lítərətʃər 리터뤄춰ㄹ]   *n.* 문학

economics [èkənámiks 에커나믹스]   *n.* 경제학

political science   *n.* 정치학
[pəlítikəl sáiəns 펄리티컬 사이언스]

philosophy [filásəfi 필라서피]   *n.* 철학

psychology [saikálədʒi 싸이칼러쥐]   *n.* 심리학

science [sáiəns 싸이언스]   *n.* 과학

engineering [ènʤiníəriŋ 엔지니어링]   *n.* 공학

chemistry [kémistri 케미스트리]   *n.* 화학

physics [fíziks 피직스]   *n.* 물리학

medicine [médəsn 메더슨]   *n.* 의학

sociology [sòusiálədʒi 쏘시알러쥐]   *n.* 사회학

fine art [fain ɑːrt 파인 아-ㄹ트]   *n.* 미술

교육

music [mjúːzik 뮤-직]   *n.* 음악

scholar [skάlər 스칼러ㄹ]   *n.* 학자

research [risə́ːrtʃ 리써-ㄹ취]   *n.* 연구

theory [θíːəri 씨-어리]   *n.* 이론

> 수업과 커리큘럼

attendance [əténdəns 어텐더스]   *n.* 출석

absence [ǽbsəns 앱선스]   *n.* 결석

homework [hóumwə̀rk 호움워ㄹ크]   *n.* 숙제

quiz [kwiz 퀴즈]   *n.* 쪽지시험

lecture [léktʃər 렉춰ㄹ]   *n.* 강의

thesis [θíːsis 씨-시스]   *n.* 논문

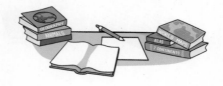

textbook [tékstbùk 텍스트북]　　*n.* 교과서

reference book
[réfərəns buk 레퍼뤈스 북]　　*n.* 참고서

report card
[ripɔ́:rt kɑ:rd 리포-르트 카-르드]　　*n.* 성적표

club [klʌb 클럽]　　*n.* 클럽, 동아리

class [klæs 클래스]　　*n.* 수업

seminar [sémənà:r 쎄머나-르]　　*n.* 세미나

lesson [lésn 레슨]　　*n.* 학과, 수업시간

experiment
[ikspérəmənt 익스페러먼트]　　*n. v.* 실험(하다)

교육

examination
[igzæmənéiʃən 이그재머네이션]　　*n.* 시험

curriculum [kəríkjələm 커리컬럼]　　*n.* 교육과정

semester [siméstər 씨메스터ㄹ]	*n.* (2학기제의) 학기
term [təːrm 터-ㄹ엄]	*n.* (3학기제의) 학기
course [kɔːrs 코-ㄹ스]	*n.* 과정
subject [sʌ́bdʒikt 써브직트]	*n.* 과목
credit [krédit 크뤠디트]	*n.* 학점
elective [iléktiv 일렉티브]	*a.* 선택의
required [rikwáiəːrd 뤼콰이어-ㄹ드]	*a.* 필수의
compulsory [kəmpʌ́lsəri 컴펄써리]	*a.* 의무적인, 필수의
essay [ései 에쎄이]	*n.* 에세이, 수필
diploma [diplóumə 디플로우머]	*n.* 졸업장
dictation [diktéiʃən 딕테이션]	*n.* 받아쓰기
tuition [tjuːíʃən 튜-이션]	*n.* 수업료
fail [feil 페일]	*v.* 실패하다
pass [pæs 패스]	*v.* 합격하다

major [méidʒər 메이저르] 　　　　　*v.* 전공하다

minor [máinər 마이너르] 　　　　　*v.* 부전공하다

preparation 　　　　　*n.* 예습
　[prèpəréiʃən 프레퍼레이션]

review [rivjú: 리뷰-] 　　　　　*n.* 복습

> 문구와 사무용품

pen [pen 펜] 　　　　　*n.* 펜

pencil [pénsl 펜슬] 　　　　　*n.* 연필

ball - point pen 　　　　　*n.* 볼펜
　[bɔːl pɔint pen 보-올 포인트 펜]

교육

eraser [iréisər 이뤠이서르] 　　　　　*n.* 지우개

197

correction fluid   *n.* 수정액
[kərékʃən flú:id 컬렉션 플루-이드]

fountain pen   *n.* 만년필
[fáuntin pen 파운틴 펜]

highlighter [hailàitər 하이라이터ㄹ]   *n.* 형광펜

box [baks 박스]   *n.* 상자

stapler [stéiplər 스테이플러ㄹ]   *n.* 스테이플러

brush [brʌʃ 브러쉬]   *n.* 붓

ink [iŋk 잉크]   *n.* 잉크

scissors [sízə:rs 씨저-ㄹ스]   *n.* 가위

rubber band   *n.* 고무줄
[rʌ́bər bǽnd 뤄버ㄹ 밴드]

ruler [rúːlər 루-러ㄹ]   *n.* 자

glue [gluː 글루-]   *n.* 풀

blackboard
 [blǽkbɔ̀ːrd 블랙보-ㄹ드]   *n.* 칠판

clip [klip 클립]   *n.* 클립

chalk [tʃɔːk 쵸-크]   *n.* 분필

notepad [noutpæd 노우트패드]   *n.* 메모장

교육

compass [kʌ́mpəs 컴퍼스]   *n.* 컴퍼스

stamp [stæmp 스탬프]   *n.* 도장

notebook [nóutbùk 노우트북]   *n.* 공책

I took a career preparation education for a year.

아이 툭 어 커리어ㄹ 프레퍼레이션 에주케이션 풔러 이어ㄹ

나는 1년간 취업 교육을 받았습니다.

What subject do you want to study?

왓 써브직ㅌ 두 유 워너 스터디

무슨 과목을 공부하고 싶니?

I majored in economics at the university.

아이 메이저ㄹ드 인 이커나믹스 앳 더 유-니버-ㄹ시티

저는 대학에서 경제학을 전공했습니다.

What school did you graduate from?

왓 스쿨 디쥬 그래주에이트 프럼

어느 학교를 졸업하셨습니까?

May I see your library card, please?

메이 아이 씨 유어ㄹ 라이브레리 카ㄹ드 플리즈

대출증 좀 보여 주시겠어요?

Who did you get for history?

후 디쥬 겟 풔ㄹ 히스토리

역사 과목은 누구 수업을 받나요?

What is your favorite subject?

왓 이즈 유어ㄹ 페이버릿 써브직트

네가 제일 좋아하는 과목은 무엇이니?

What was your major at college?

왓 워즈 유어ㄹ 메이저ㄹ 앳 칼리쥐

대학교 때 전공이 무엇이었습니까?

Be careful when you use the scissors.

비 케어플 웬 유 유즈 더 씨저-르스

가위를 사용할 때 조심해야 돼요.

I gave 2,000 won for this notebook.

아이 게이브 투 싸우전 원 풔ㄹ 디스 노우트북

나는 이 노트 값으로 2,000원을 지불했어요.

What was your major at college?

교육

201

PART 12

문화와
스포츠

▼
예술
취미
오락
스포츠

① **baseball** 야구
② **basketball** 농구
③ **cooking** 요리
④ **fishing** 낚시
⑤ **volleyball** 배구
⑥ **golf** 골프
⑦ **marathon** 마라톤
⑧ **reading** 독서
⑨ **soccer** 축구
⑩ **surfing** 서핑
⑪ **tennis** 테니스
⑫ **white ball** 흰 공
⑬ **cycling** 자전거 타기
⑭ **wrestling** 레슬링
⑮ **swimming** 수영
⑯ **(American) football** 미식축구
⑰ **scuba diving** 스쿠버 다이빙

▶ 예술

art [ɑːrt 아-르트]   *n.* 예술, 미술

painting [peintiŋ 페인팅]   *n.* 회화, 그림

sketch [sketʃ 스케취]   *n.* 소묘

sculpture [skʌ́lptʃəːr 스컬춰-르]   *n.* 조각

masterpiece [mǽstərpìːs 매스터르피-스]   *n.* 걸작

photo [fóutou 포우토우]   *n.* 사진

picture [píktʃər 픽춰르]   *n.* 그림, 사진

museum [mjuzíːəm 뮤지-엄]   *n.* 박물관, 미술관

gallery [gǽləri 갤러리]   *n.* 화랑, 미술관

exhibition [èksəbíʃən 액써비션]   *n.* 전시회

movie [múːvi 무-비]   *n.* 영화

comedy [kámədi 카머디]   *n.* 희극

tragedy [trǽdʒədi 트뤠지디]   *n.* 비극

theater [θí(ː)ətər 씨어터르]   *n.* 극장

seat [siːt 씨-트]   *n.* 좌석

audience [ɔ́ːdiəns 어-디언스]   *n.* 관객

appreciate [əpríːʃièit 어프리-쉬에이트]   *v.* 감상하다

문화와 스포츠

excitement [iksáitmənt 익싸이트먼트]   *n.* 흥분

enjoy [endʒɔ́i 엔조이]   *v.* 즐기다

intriguing [intríːgiŋ 인트리-깅]   *a.* 흥미를 자아내는

boring [bɔ́ːriŋ 보-륑]   *n.* 지루한

actor [ǽktər 액터ㄹ]   *n.* 남자 배우

actress [ǽktris 액트리스]   *n.* 여자 배우

director [diréktər 디뤡터ㄹ]   *n.* 연출자, 감독

scenario [sinéəriòu 씨네리오우]   *n.* 대본, 각본

role [roul 로울]   *n.* 역할, 역

music [mjúːzik 뮤-직]   *n.* 음악

sing [siŋ 씽]   *v.* 노래하다

melody [mélədi 멜러디]   *n.* 멜로디, 선율

rhythm [riðm 뤼듬]   *n.* 리듬

rock [rɑk 롹]   *n.* 락

jazz [dʒæz 재즈]   *n.* 재즈

classic music
[klǽsik mjú:zik 클래식 뮤-직]

n. 고전음악

opera [ápərə 아퍼러]

n. 오페라

concert [kánsə(:)rt 칸서르트]

n. 음악회

recital [risáitl 뤼싸이틀]

n. 독주회, 리사이틀

stage [steidʒ 스테이쥐]

n. 무대

play [plei 플레이]

v. 공연하다

performance
[pərfɔ́:rməns 퍼르포-르먼스]

n. 연기, 공연

practice [prǽktis 프랙티스]

n. 연습

rehearsal [rihə́:rsl 뤼허-르슬]

n. 시연, 예행연습

studio [stjú:diòu 스튜-디오우]

n. 방송실, 녹음실

문화와
스포츠

207

musician [mju:zíʃən 뮤-지션]   *n.* 음악가

band [bænd 밴드]   *n.* 악단

orchestra [ɔ́:rkəstrə 어-케스트러]   *n.* 관현악단

conductor [kəndʌ́ktər 컨덕터ㄹ]   *n.* 지휘자

composer [kəmpóuzər 컴포우저ㄹ]   *n.* 작곡가

play [plei 플레이]   *n.* 연극

musical [mjú:zikəl 뮤-지컬]   *n.* 뮤지컬

dance [dæns 댄스]   *n. v.* 춤(추다)

cartoon [kɑːrtúːn 카ㄹ투-운]   *n.* 만화

animation [æ:nəméiʃən 애너메이션]   *n.* 만화영화

> 취미

collection [kəlékʃən 컬렉션]   *n.* 수집, 수집물

stamp collecting
[stæmp kəléktiŋ 스탬프 컬렉팅]

n. 우표수집

coin collecting
[kɔin kəléktiŋ 코인 컬렉팅]

n. 동전수집

photography
[fətágrəfi 퍼타그러피]

n. 사진촬영

hiking [háikiŋ 하이킹]

n. 도보여행

mountain climbing
[máuntn kláimiŋ 마운튼 클라이밍]

n. 등산

fishing [fíʃiŋ 피싱]

n. 낚시

knitting [nítiŋ 니팅]

n. 뜨개질

sewing [sóuiŋ 쏘우잉]

n. 바느질

문화와
스포츠

embroidery [imbrɔ́idəri 임브러이더리]　　　*n.* 자수

calligraphy [kəlígrəfi 컬리그러피]　　　*n.* 서예

painting [peintiŋ 페인팅]　　　*n.* 그림그리기

pottery [pátəri 파터리]　　　*n.* 도자기공예

golf [gɔːlf 거-얼프]　　　*n.* 골프

> 오락

toy [tɔi 토이]　　　*n.* 장난감

playground
[pleigràund 플레이그롸운드]　　　*n.* 놀이터

game [geim 게임]　　　*n.* 게임, 경기

card [kɑːrd 카-르드]　　　*n.* 카드, 카드놀이

gamble [gǽmbl 갬블]　　　*n. v.* 도박(하다)

lottery [lɔ́təri 러터리]　　　　　　　*n.* 복권

park [pɑːrk 파-ㄹ크]　　　　　　　*n.* 공원

ride [raid 라이드]　　　　　　　*n.* 놀이기구 *v.* 타다

cotton candy [kátn kǽndi 카튼 캔디]　*n.* 솜사탕

rest [rest 레스트]　　　　　　　*n.* 휴식

admission ticket　　　　　　*n.* 입장권
[ædmíʃən tíkit 애드미션 티킷]

picnic [píknik 피크닉]　　　　　　*n.* 소풍

horse race [hɔːrs reis 호-ㄹ스 뤠이스]　*n.* 경마

hunt [hʌnt 헌트]　　　　　　　*n. v.* 사냥(하다)

hide - and - seek　　　　　　*n.* 숨바꼭질
[háid ənd síːk 하이드 언드 씨-크]

문화와
스포츠

kite [kait 카이트] *n.* 연

> 스포츠

player [pléiər 플레이어ㄹ] *n.* 선수

coach [koutʃ 코우취] *n.* 코치

referee [rèfərí: 뤠프뤼-] *n.* 주심, 심판

director [diréktər 디뤡터ㄹ] *n.* 감독

exercise [éksərsàiz 엑서ㄹ사이즈] *n.* 운동

match [mætʃ 매취] *n.* 시합, 경기

athletics [æθlétiks 애쓰레틱스] *n.* 운동경기, 육상경기

baseball [béisbɔ̀:l 베이스보-올] *n.* 야구

soccer [sákər 싸커ㄹ] *n.* 축구

football [fútbɔ̀:l 풋보-올] *n.* 미식축구

volleyball [válibɔ̀:l 발리보-올] *n.* 배구

basketball [bǽskitbɔ̀:l 배스킷보-올]　　　*n.* 농구

table tennis　　　*n.* 탁구
[téibəl ténis 테이블 테니스]

bowling [bóuliŋ 보울링]　　　*n.* 볼링

billiard [bíljərd 빌리어ㄹ드]　　　*n.* 당구

tennis [ténis 테니스]　　　*n.* 테니스

hockey [háki 하키]　　　*n.* 하키

badminton [bǽdmintn 배드민튼]　　　*n.* 배드민턴

rugby [rʌ́gbi 럭비]　　　*n.* 럭비

문화와
스포츠

tie [tai 타이]　　　*n.* 무승부

draw [drɔ: 드러-]　　　*n.* 비김, 무승부

softball [sɔ́ftbɔːl 소프트보-올]　　　　*n.* 소프트볼

swimming [swímiŋ 스위밍]　　　　*n.* 수영

swim [swim 스윔]　　　　*v.* 수영하다

diving [dàiviŋ 다이빙]　　　　*n.* 다이빙

yacht [jɑt 야트]　　　　*n.* 요트

surf [səːrf 써-르프]　　　　*v.* 서핑하다

sprint [sprint 스프린트]　　　　*n.* 단거리 경주

marathon [mǽrəθən 매러썬]　　　　*n.* 마라톤

throw [θrou 쓰로우]　　　　*n.* 던지기

cycling [sáikliŋ 싸이클링]　　　　*n.* 사이클링

gymnastics [ʤimnǽstiks 쥠내스틱스]   *n.* 체조

ski [ski: 스키-]   *n.* 스키

snowboard [snóubɔ̀ːrd 스노우보어-르드]   *n.* 스노보드

skate [skeit 스케이트]   *n.* 스케이트

skateboard [skéitbɔ̀ːrd 스케이트보어-르드]   *n.* 스케이트보드

horseback riding [hɔːrsbæk ráidiŋ 호-르스백 롸이딩]   *n.* 승마

rope-jumping [roup dʒʌ́mpiŋ 로우프 점핑]   *n.* 줄넘기

martial arts [máːrʃəl ɑːrts 마-르셜 아-르츠]   *n.* 무술

judo [dʒúːdou 주-도우]   *n.* 유도

Taekwondo [táikwàndo 타이콴도]   *n.* 태권도

boxing [báksiŋ 박씽]   *n.* 권투

wrestling [résliŋ 뤠슬링]   *n.* 레슬링

weight lifting
[weit líftiŋ 웨이트 리프팅]

n. 역도

fencing [fénsiŋ 펜싱]

n. 펜싱

sit - up [sít ʌp 씻 업]

n. 윗몸 일으키기

push - up [púʃ ʌp 푸쉬 업]

n. 팔굽혀펴기

chin - up [tʃín ʌp 췬 업]

n. 턱걸이

jog [dʒɑg 좌그]

v. 조깅하다

finals [fáinəlz 파이널즈]

n. 결승전, 파이널

compete [kəmpíːt 컴피-트]

v. 경쟁하다

win [win 윈]

v. 이기다

lose [lu:z 루-즈]   *v.* 지다

record [rékə:rd 레커-르드]   *n. v.* 기록(하다)

overtime [óuvərtàim 오우버ㄹ타임]   *n.* 연장전

championship   *n.* 우승, 선수권
[tʃǽmpiənʃip 챔피언쉽]

participate   *v.* 참가하다
[pɑ:rtísəpèit 파-ㄹ티서페이트]

stadium [stéidiəm 스테이디엄]   *n.* 경기장

rule [ru:l 루-울]   *n.* 규칙

foul [faul 파울]   *n.* 반칙

penalty [pénəlti 페널티]   *n.* (반칙에 대한) 벌칙

cheering [tʃíəriŋ 취어링]   *n.* 응원

문화와
스포츠

217

You have an eye for art indeed.
유 해브 언 아이 풔ㄹ 아ㄹ트 인디드

당신은 미술에 대해서 보는 눈이 높군요.

I enjoy listening to music.
아이 인조이 리스닝 투 뮤직

음악 듣는 것을 즐깁니다.

Do you like jazz?
두 유 라익 재즈

재즈를 좋아하세요?

Which instrument do you play?
위치 인스트루먼 두 유 플레이

어떤 악기를 연주하세요?

I need to take a little rest.
아이 니드 투 테이커 리를 레스트

난 휴식이 좀 필요해요.

Do you get much exercise?
두 유 겟 머취 액서ㄹ사이즈

운동을 많이 하십니까?

I hope to take the first place in the marathon.

아이 홉 투 테익 더 풔ㄹ스트 플레이스 인 더 매러썬

나는 마라톤에서 일등하고 싶어.

She compete me with good intent.

쉬 컴피-트 미 위드 굿 인텐트

그녀는 나와 선의로 겨뤘다.

It is against the rules.

잇 이즈 어게인스트 더 룰-즈

그것은 반칙이에요.

What's his pains and penalties?

왓츠 히즈 페인즈 앤 페널티즈

그의 벌칙은 무엇인가요?

I hope to take the first place in the marathon.

PART 13

여행

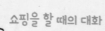

A: May I help you?

메이 아이 헬프 유

어서 오십시오.

B: I'd like to buy this wallet. How much is it?

아이드 라익 투 바이 디스 왈릿　　　　　하우 머치 이즈 잇

이 지갑을 사고 싶습니다. 얼마입니까?

A: $200.

투 헌드레드 달러ㄹ즈

200달러입니다.

B: I'll take this one. Can I use a credit card?

아일 테익 디스 원　　　　　캔 아이 유즈 어 크레딧 카ㄹ드

이걸로 하겠습니다. 신용카드를 사용할 수 있습니까?

A: Sure.

슈어ㄹ

물론입니다.

> 여행과 관광

leisure [líːʒər 리-저-ㄹ]   *n.* 여가, 레저

travel [trǽvəl 트레블]   *n. v.* 여행(하다)

trip [trip 트립]   *n.* 여행

journey [dʒə́ːrni 저-ㄹ니]   *n.* 여행

spend [spend 스펜드]   *v.* 보내다, 지내다

resort [rizɔ́ːrt 리조-ㄹ트]   *n.* 휴양지, 리조트

honeymoon [hʌ́nimùːn 허니무-운]   *n.* 신혼여행

school excursion [skuːl ikskə́ːrʒən 스쿠-울 익스커-ㄹ전]   *n.* 수학여행

baggage [bǽgidʒ 배기쥐]   *n.* 짐

map [mæp 맵]   *n.* 지도

reservation [rèzərvéiʃən 뤠저ㄹ베이션]   *n.* 예약

airport [ɛ́ərpɔ̀ːrt 에어ㄹ포-ㄹ트]   *n.* 공항

vacation [veikéiʃən 베이케이션]   *n.* 휴가

traveler [trǽvlər 트레블러ㄹ]   *n.* 여행자

domestic [douméstik 도우메스틱]   *a.* 국내의

overseas [óuvərsíːz 오우버ㄹ씨-즈]   *a.* 해외의

여행

airlines [ɛərlàinz 에어ㄹ라인즈] *n.* 항공사

jet lag [dʒet læg 제트 래그] *n.* 시차증

agency [éidʒənsi 에이전씨] *n.* 대리점, 취급점

itinerary [aitínərèri 아이티너레리] *n.* 여행일정

passport [pǽspɔ̀ːrt 패스포-ㄹ트] *n.* 여권

visa [víːzə 비-저] *n.* 비자

sightseeing [sáitsìːiŋ 싸잇씨-잉] *n.* 관광

tour [tuər 투어ㄹ] *n.* 관광여행

tourist [túərist 투어뤼스트] *n.* 관광객

tourist spot
[túərist spat 투어뤼스트 스팟] *n.* 관광지

hot spring [hɑt spriŋ 핫 스프링] *n.* 온천

city sightseeing
[síti sáitsìːiŋ 씨티 싸잇씨-잉] *n.* 시내관광

cruise [kru:z 크루-즈]　　　　　　　　　*v.* 선박여행하다

statue [stǽtʃu: 스태추-]　　　　　　　　*n.* 동상

museum [mju:zí:əm 뮤-지-엄]　　　　　*n.* 기념관, 박물관

palace [pǽlis 팰리스]　　　　　　　　　*n.* 궁전, 궁궐

memorial [məmɔ́:riəl 메머-리얼]　　　　*n.* 기념비

festival [féstəvəl 페스티벌]　　　　　　*n.* 축제

seasick [sí:sìk 씨-씨크]　　　　　　　　*a.* 뱃멀미의

carsick [ká:rsìk 카-ㄹ씨크]　　　　　　*a.* 차멀미의

infirmary [infə́:rməri 인퍼-ㄹ머리]　　　*n.* 진료소, 양호실

 숙박

hotel [houtél 호우텔]　　　　　　　　　*n.* 호텔

inn [in 인]　　　　　　　　　　　　　　*n.* 여관, 여인숙

facilities [fəsílətis 퍼실러티스]   *n.* 시설물

suite [swi:t 스위-트]   *n.* 스위트룸

vacancy [véikənsi 베이컨씨]   *n.* 빈방

front desk [frʌnt desk 프런트 데스크]   *n.* 안내데스크

bellhop [bélhàp 벨합]   *n.* 벨보이

check in [tʃek in 체크 인]   *n.* 체크인

check out [tʃek aut 체크 아웃]   *n.* 체크아웃

room service   *n.* 룸서비스
[ru:m sə́:rvis 룸- 서-르비스]

wake up call   *n.* 모닝콜
[weik ʌp kɔ:l 웨이크 업 코-올]

stay [stei 스테이]   *v.* 머무르다, 체류하다

 쇼핑

shopping [ʃápiŋ 샤핑]   *n.* 쇼핑

gift [gift 기프트]   *n.* 선물

gift wrapping   *n.* 선물포장
  [gift ræpiŋ 기프트 래핑]

souvenir [sùːvəníər 수-비니어ㄹ]   *n.* 기념품

lost and found   *n.* 분실물취급소
  [lɔ(ː)st ænd faund 로스트 앤드 파운드]

snack bar [snæk baːr 스낵 바ㄹ]   *n.* 간이식당

department store   *n.* 백화점
  [dipáːrtmənt stɔːr 디파ㄹ트먼트 스토어ㄹ]

여행

customer [kʌ́stəmər 커스터머ㄹ]	n. 고객
consumer [kənsúːmər 컨수-머ㄹ]	n. 소비자
clerk [kləːrk 클러-ㄹ크]	n. 판매원, 점원
cashier [kæʃíər 캐쉬어ㄹ]	n. 계산원
shop [ʃɑp 샾]	n. 상점, 가게(= store)
mall [mɔːl 모-올]	n. 대형 쇼핑센터
supermarket [súpərmàːrkit 수퍼ㄹ마ㄹ킷]	n. 슈퍼마켓
convenience store [kənvíːnjəns stɔːr 컨바-니언스 스토어-ㄹ]	n. 편의점
drugstore [drʌgstɔːr 드러그스토어-ㄹ]	n. 약국
grocery store [gróusəri stɔːr 그로우서리 스토어-ㄹ]	n. 식품점
bookstore [bukstɔːr 북스토어-ㄹ]	n. 서점

mail order [meil ɔ́:rdər 메일 오-러더러]　　*n.* 통신판매

goods [gudz 구즈]　　*n.* 상품

item [áitəm 아이텀]　　*n.* 품목

sale [seil 쎄일]　　*n.* 판매

bargain [bá:rgən 바-르긴]　　*n.* 싼 물건, 특가품

price [prais 프라이스]　　*n.* 가격

cost [kɔ:st 커-스트]　　*n.* 비용, 원가

discount [dískaunt 디스카운트]　　*n. v.* 할인(하다)

expensive [ikspénsiv 익스펜씨브]　　*a.* 비싼

cheap [tʃi:p 취-프]　　*a.* 싼

reasonable [rí:zənəbl 뤼-즈너블]　　*a.* 적당한

cash [kæʃ 캐쉬]　　*n.* 현금

credit card [krédit kɑ:rd 크뤠딧 카-르드]　　*n.* 신용카드

여행

change [tʃeindʒ 체인쥐]   *n.* 거스름돈

receipt [risíːt 뤼씨-트]   *n.* 영수증

guarantee [gæ̀rəntíː 개뤈티-]   *n.* 보증

quantity [kwántəti 콴터티]   *n.* 양

quality [kwáləti 콸러티]   *n.* 품질

compare [kəmpéər 컴페어ㄹ]   *v.* 비교하다

pay [pei 페이]   *v.* 지불하다

refund [rifʌ́nd 리펀드]   *n. v.* 환불(하다)

exchange [ikstʃéindʒ 익스체인쥐]   *n. v.* 교환(하다)

open [óupən 오우픈]   *v.* 개점하다

closed [klóuzd 클로우즈드]   *v.* 폐점하다

tight-fitting [táit fítiŋ 타이트 피팅]   *a.* 꼭 끼는

display [displéi 디스플레이]   *v.* 진열하다

brand - new [brǽnd njú: 브랜드 뉴-]   *a.* 신상품의

catalog [kǽtəlɔ̀:g 캐털로-그]   *n.* 카탈로그, 목록

tag [tæg 태그]   *n.* 꼬리표

fixed price [fikst prais 픽스트 프라이스]   *n.* 정가

haggle [hǽgl 해글]   *v.* 흥정하다

buy [bai 바이]   *v.* 사다

warranty [wɔ́(:)rənti 워런티]   *n.* 제품보증(서)

여행

red [red 레드]　　　　　　　　　　　　　*n.* 빨간색

blue [blu: 블루-]　　　　　　　　　　　　*n.* 파란색

light blue [lait blu: 라이트 블루-]　　　　*n.* 하늘색

navy blue [néivi blu: 네이비 블루-]　　　*n.* 짙은 청색

white [ʰwait 와이트]　　　　　　　　　　*n.* 흰색

black [blæk 블랙]　　　　　　　　　　　*n.* 검정색

yellow [jélou 옐로우]　　　　　　　　　 *n.* 노랑색

green [gri:n 그리-인]　　　　　　　　　　*n.* 녹색

light green [lait gri:n 라이트 그리-인]　 *n.* 연두색

orange [ɔ́(:)rindʒ 어륀쥐]　　　　　　　 *n.* 오렌지색

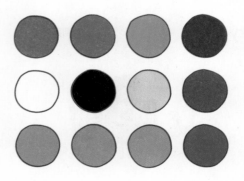

pink [piŋk 핑크]   *n.* 핑크색

purple [pə́ːrpəl 퍼-ㄹ플]   *n.* 보라색

brown [braun 브라운]   *n.* 갈색

gold [gould 고울드]   *n.* 금색

golden [góuldən 고울든]   *a.* 금빛의

silver [sílvər 실버ㄹ]   *n.* 은색

gray [grei 그레이]   *n.* 회색

beige [beiʒ 베이쥐]   *a.* 베이지색의

bright [brait 브라이트]   *a.* 밝은

dark [dɑːrk 다-ㄹ크]   *a.* 어두운, 짙은

여행

233

How do you spend your leisure time?

하우 두 유 스펜 유어ㄹ 리-저-ㄹ 타임

여가를 어떻게 보내세요?

May I have your passport, please?

메이 아이 해뷰어ㄹ 패스포-ㄹ트 플리즈

여권을 보여 주시겠습니까?

How can I get to the museum?

하우 캔 아이 겟 투 더 뮤-지-엄

박물관에는 어떻게 갑니까?

Won't you go shopping with me?

웡츄 고우 샤핑 위드 미

저와 함께 쇼핑하러 가지 않겠습니까?

Where can I buy some souvenirs?

웨어ㄹ 캔 아이 바이 썸 수-비니어-ㄹ스

선물은 어디서 살 수 있습니까?

As for the price, what do you have in mind?

애즈 풔ㄹ 더 프라이스 왓 두 유 해빈 마인드

가격에 대해서 어느 정도 생각하십니까?

We'd like you to offer us a discount.

위드 라이큐 투 오풔ㄹ 어스 어 디스카운트

할인을 부탁합니다.

Anything cheaper?

에니씽 취퍼ㄹ

더 싼 것은 없습니까?

Can I exchange it for another one?

캔 아이 익스체인쥐 잇 풔ㄹ 어나더ㄹ 원

다른 것으로 바꿔 주시겠어요?

If you discount I'll buy.

이퓨 디스카운트 아일 바이

깎아주면 사겠습니다.

> Can I exchange it for another one?

여행

PART 14

자연과
과학

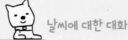

A: **What's the weather like today?**
왓츠 더 웨더ㄹ 라익 투데이
오늘 날씨 어때요?

B: **It's very hot out.**
잇츠 베리 핫 아웃
밖은 무척 더워요.

A: **What's the temperature?**
왓츠 더 템퍼러춰ㄹ
온도가 어떻게 되지요?

B: **It's 38 degrees Celsius.**
잇츠 써리 에잇 디그리스 셀시어스
섭씨 38도예요.

▶ 전국이 흐리고 가끔 비 cloudy with sporadic rain
차차 흐려져서 gradually cloudy
한 두 차례 비 sporadic rain
아침 최저기온 morning lows
낮 최고기온 daytime highs

> 자연 전반

nature [néitʃər 네이춰ㄹ]   *n.* 자연

mountain [máuntən 마운튼]   *n.* 산

mountain range   *n.* 산맥
[máuntən reindʒ 마운튼 레인쥐]

valley [væli 밸리]   *n.* 골짜기, 계곡

hill [hil 힐]   *n.* 언덕

slope [sloup 슬로우프]   *n.* 비탈, 경사지

ocean [óuʃən 오우션]   *n.* 대양

sea [si: 씨-]   *n.* 바다

river [rívər 리버ㄹ]   *n.* 강

pond [pɑnd 판드]   *n.* 연못

lake [leik 레이크]   *n.* 호수

spring [spriŋ 스프링]   *n.* 샘

well [wel 웰]   *n.* 우물

peninsula [pənínsjulə 페닌술러]   *n.* 반도

gulf [gʌlf 걸프]   *n.* 만

coast [koust 코우스트]   *n.* 해안, 연안

자연과
과학

beach [bi:tʃ 비-취]   *n.* 해변

wave [weiv 웨이브]   *n.* 파도

tide [taid 타이드]   *n.* 조류, 조수

current [kə́:rənt 커-런트]   *n.* 해류, 기류

water fall [wɔ́:tərfɔ:l 워-터ㄹ 포-올]   *n.* 폭포

rock [rɑk 롹]   *n.* 바위

stone [stoun 스토운]   *n.* 돌

pebble [pébl 페블]   *n.* 자갈

sand [sænd 쌘드]   *n.* 모래, 사막

land [lænd 랜드]   *n.* 땅, 나라

farm [fɑ:rm 파-암]   *n.* 농장

soil [sɔil 쏘일]   *n.* 흙, 토양

mud [mʌd 머드]   *n.* 진흙

flatland [flætlænd 플랫랜드]   *n.* 평지

jungle [dʒʌ́ŋgl 정글]   *n.* 정글, 밀림지대

village [vílidʒ 빌리쥐]   *n.* 마을

island [áilənd 아일런드]   *n.* 섬

air [ɛər 에어ㄹ]   *n.* 공기

ozone layer   *n.* 오존층
[óuzoun léiər 오우조운 레이어ㄹ]

forest [fɔ́(:)rist 포리스트]   *n.* 숲

creature [krí:tʃər 크리-춰ㄹ]   *n.* 생물

latitude [lǽtətjù:d 래터튜-드]   *n.* 위도

longitude [lándʒətjù:d 란저튜-드]   *n.* 경도

equator [ikwéitər 이퀘이터ㄹ]   *n.* 적도

desert [dézərt 데저ㄹ트]   *n.* 사막

oasis [ouéisis 오웨씨스]   *n.* 오아시스

volcano [vɑlkéinou 발케이노우]   *n.* 화산

glacier [gléiʃər 글레이셔ㄹ]   *n.* 빙하

자연과
과학

iceberg [aisbə:rg 아이스버-르그]　　　n. 빙산

swamp [swɑmp 스왐프]　　　n. 늪

marsh [mɑ:rʃ 마-르쉬]　　　n. 초지, 늪

sunlight [sʌ́nlàit 썬라이트]　　　n. 햇살

horizon [həráizən 허롸이즌]　　　n. 수평선, 지평선

light [lait 라이트]　　　n. 빛

darkness [dɑ́:rknis 다-크니스]　　　n. 어둠

earthquake
[ə́:rθkwèik 어-르스퀘이크]　　　n. 지진

> 날씨

weather [wéðər 웨더ㄹ]　　　n. 날씨

tropical [trɑ́pikəl 트라피컬]　　　a. 열대의

temperate [témpərit 템퍼리트]　　　a. 온대의

frigid [frídʒid 프리쥐드]　　　a. 극한의, 한대의

rain [rein 레인]　　　n. 비

snow [snou 스노우]　　　n. 눈

wind [wind 윈드]　　　n. 바람

sky [skai 스카이]   *n.* 하늘

fair [fɛər 페어ㄹ]   *a.* 청명한

cloudy [kláudi 클라우디]   *a.* 흐린

season [síːzən 씨-즌]   *n.* 계절

cloud [klaud 클라우드]   *n.* 구름

fog [fɔ(ː)g 포그]   *n.* 안개

frost [frɔːst 프러-스트]   *n.* 서리

shower [ʃáuər 샤워ㄹ]   *n.* 소나기

downpour [daunpɔ̀r 다운포어ㄹ]   *n.* 폭우

hail [heil 헤일]   *n.* 싸락눈, 우박

climate [kláimit 클라이미트]   *n.* 기후

typhoon [taifúːn 타이푸-운]   *n.* 태풍

storm [stɔːrm 스토-ㄹ옴]   *n.* 폭풍우

자연과
과학

thunder [θʌ́ndər 썬더ㄹ]   *n.* 천동

snowstorm   *n.* 눈보라
[snoustɔ̀:rm 스노우스토-옴]

lightning [láitniŋ 라이트닝]   *n.* 번개

weather forecast   *n.* 일기예보
[wéðər fɔ́:rkæst 웨더ㄹ 풔-ㄹ캐스트]

pressure [préʃər 프레셔ㄹ]   *n.* 기압

temperature   *n.* 기온
[témpərətʃuər 템퍼러춰ㄹ]

Fahrenheit   *n.* 화씨
[fǽrənhàit 페런하이트]

Celsius [sélsiəs 쎌시어스]   *n.* 섭씨

below zero   *n.* 영하
[bilóu zíərou 빌로우 지어로우]

above zero   *n.* 영상
[əbʌ́v zíərou 어버브 지어로우]

equator [ikwéitər 이퀘이터ㄹ]   *n.* 적도

rainy season   *n.* 장마
[reini sí:zn 레이니 씨-즌]

humid [hjú:mid 휴-미드]   *a.* 습기 찬, 눅눅한

rainbow [réinbòu 레인보우]   *n.* 무지개

blow [blou 블로우]   *v.* (바람이) 불다

freeze [fri:z 프리-즈]   *v.* 얼다, 얼 정도로 춥다

drizzle [drízl 드리즐]   *v.* 이슬비가 내리다

warm [wɔːrm 워-엄]   *a.* 따뜻한

wet [wet 웻]   *a.* 젖은

humidity [*h*u:mídəti 휴-미더티]   *n.* 습기, 습도

dry [drai 드라이]   *a.* 건조한

east [i:st 이-스트]   *n.* 동쪽

west [west 웨스트]   *n.* 서쪽

south [sauθ 싸우스]   *n.* 남쪽

north [nɔːrθ 노-ㄹ스]   *n.* 북쪽

자연과
과학

> 과학

technology [teknálədʒi 테크날러지] *n.* 과학기술

invention [invénʃən 인벤션] *n.* 발명

high-tech [hai tek 하이 테크] *n.* 첨단기술

develop [divéləp 디벨러프] *v.* 개발하다, 발전시키다

patent [pǽtnt 패튼트] *n.* 특허

laser [léizər 레이저ㄹ] *n.* 레이저

genetics [ʤinétiks 쥐네틱스] *n.* 유전학

gene [ʤiːn 쥐-인] *n.* 유전자

clone [kloun 클로운] *n.* 복제생물, 클론

metal [métl 메틀] *n.* 금속

> 우주와 천체

space [speis 스페이스] *n.* 우주

celestial body *n.* 천체
[səléstʃəl bádi 썰레스춸 바디]

galaxy [gǽləksi 갤럭씨] *n.* 은하, 은하수
(=Milky Way)

star [sta:r 스타-ㄹ] *n.* 별

moon [mu:n 무-운] *n.* 달

satellite [sǽtəlàit 쌔털레이트] *n.* (인공)위성

telescope [téləskòup 텔러스코우프] *n.* 망원경

observation
[ὰbzərvéiʃən 압저ㄹ베이션] *n.* 관측

space shuttle
[speis ʃΛtl 스페이스 셔틀] *n.* 우주왕복선

space station
[speis stéiʃən 스페이스 스테이션] *n.* 우주정거장

astronaut [ǽstrənɔ̀:t 애스트러너-트] *n.* 우주비행사

spacecraft
[spéiskræ̀ft 스페이스크래프트] *n.* 우주선

rocket [rάkit 롸킷] *n.* 로켓

자연과
과학

orbit [ɔ́ːrbit 오-ㄹ비트] n. 궤도

gravity [grǽvəti 그래버티] n. 중력

Solar system n. 태양계
  [sóulər sístəm 쏘울러ㄹ 씨스텀]

planet [plǽnit 플래닛] n. 행성

Jupiter [dʒúːpətər 쥬-피터ㄹ] n. 목성

Mars [mɑːrz 마-ㄹ즈] n. 화성

Saturn [sǽtəːrn 쌔터-언] n. 토성

Venus [víːnəs 비-너스] n. 금성

Mercury [mɔ́ːrkjuri 머-ㄹ큐뤼] n. 수성

Sun [sʌn 썬]   *n.* 태양

Earth [əːrθ 어-ㄹ스]   *n.* 지구

North Star   *n.* 북극성
[nɔːrθ staːr 노-ㄹ스 스타-ㄹ]

eclipse [iklíps 이클립스]   *n.* 일식

comet [kámit 카미트]   *n.* 혜성

meteor [míːtiər 미-티어ㄹ]   *n.* 유성, 별똥별

alien [éiljən 에일리언]   *n.* 외계인

solar [sóulər 쏘울러ㄹ]   *a.* 태양의

lunar [lúːnər 루-너ㄹ]   *a.* 달의

> 환경과 에너지

environment   *n.* 환경
[inváiərənmənt 인바이뤈먼트]

ecology [ikálədʒi 이칼러쥐]   *n.* 생태학

ecosystem [íkousìstəm 이-코우시스템]   *n.* 생태계

destroy [distrɔ́i 디스트로이]   *v.* 파괴하다

harm [haːrm 하-ㄹ암]   *n.* 해, 해악

자연과
과학

249

resource [ríːsɔːrs 리-쏘-ㄹ스]	*n.* 자원
recycling [riːsáikliŋ 리-싸이클링]	*n. v.* 재활용(하다)
disposal [dispóuzəl 디스포우절]	*n.* 처리, 폐기
conservation [kὰnsərvéiʃən 칸서ㄹ베이션]	*n.* 보호, 보존
regulate [régjulèit 레귤레이트]	*v.* 규제하다
prevent [privént 프리벤트]	*v.* 방지[예방]하다
eliminate [ilímənèit 일리머네이트]	*v.* 제거하다
wildlife [wáildlàif 와일드라이프]	*n.* 야생동물
extinct [ikstíŋkt 익스팅트]	*a.* 절멸한, 사멸한
pollution [pəlúːʃən 펄루-션]	*n.* 오염, 공해
contaminate [kəntǽmənèit 컨테머네이트]	*v.* 오염시키다

chemical [kémikəl 케미컬]   *a.* 화학의

toxic [táksik 탁씩]   *a.* 독성의, 유독한

greenhouse effect   *n.* 온실효과
[grí:nhàus ifékt 그리-인하우스 이펙트]

global warming   *n.* 지구온난화
[glóubəl wɔ́:rmiŋ 글로우벌 워-ㄹ밍]

contain [kəntéin 컨테인]   *v.* 함유하다

dioxin [dàiáksin 다이악씬]   *n.* 다이옥신

radioactive   *a.* 방사능의
[rèidiouǽktiv 뤠이디오우액티브]

emission [imíʃən 이미션]   *n.* 방출, 방사

waste [weist 웨이스트]   *n.* 폐기물

trash [træʃ 트래쉬]   *n.* 쓰레기

ozone [óuzoun 오우조운]   *n.* 오존

자연과
과학

251

What is the name of that mountain?

왓 이즈 더 네임 어브 댓 마운튼

저것은 무슨 산입니까?

What is the biggest animal on the farm?

왓 이즈 더 비기스트 애니멀 온 더 팜

그 농장에서 가장 큰 동물이 무엇이니?

Look at the beautiful kites in the sky.

룩 앳 더 뷰티플 카잇츠 인 더 스카이

하늘의 아름다운 연들을 보아라.

Autumn is the best season for reading.

어텀 이즈 더 베스트 씨-즌 풔ㄹ 리딩

가을은 독서의 계절입니다.

What's the weather forecast for the weekend?

왓츠 더 웨더ㄹ 풔ㄹ캐스트 풔ㄹ 더 위캔드

주말 일기예보는 어떻습니까?

The moon is bright tonight.
더 문- 이즈 브라이트 투나잇ㅌ

오늘 밤 달이 밝은데요.

Which one is bigger, the sun or the earth?
위치 원 이즈 비거ㄹ 더 썬 오어ㄹ 더 어르스

태양과 지구 중에 어느 것이 더 클까?

My house is located in good environment.
마이 하우스 이즈 로케이티딘 굿 인바이뤈먼트

저희 집은 환경이 좋은 곳에 있습니다.

What's the weather forecast for the weekend?

자연과
과학

Finished~